Hospital, saúde e subjetividade

Hospital, saúde e subjetividade

Vânia Mercer
Ana Claudia Wanderbroocke
(Orgs.)

Casa do Psicólogo®

© 2011 Casapsi Livraria e Editora Ltda.
É proibida a reprodução total ou parcial desta publicação, para qualquer finalidade, sem autorização por escrito dos editores.

1ª Edição
2011

Editores
Ingo Bernd Güntert e Juliana de Villemor A. Güntert

Assistente Editorial
Aparecida Ferraz da Silva

Obra da Capa
Rones Dumke

Foto de Capa
João Urban

Projeto Gráfico & Editoração Eletrônica
Najara Lopes

Produção Gráfica
Najara Lopes

Preparação
Ana Luiza Couto

Revisão
Maria Aparecida Viana Schtine Pereira

Dados Internacionais de Catalogação na Publicação (CIP)
(Câmara Brasileira do Livro, SP, Brasil)

Hospital, saúde e subjetividade / Vânia Mercer, Ana Claudia Wanderbroocke, (orgs.). -- São Paulo : Casa do Psicólogo®, 2011.

Vários autores
Bibliografia
ISBN 978-85-8040-034-2

1. Doentes - Psicologia 2. Hospitais - Aspectos psicológicos 3. Medicina e psicologia 4. Médico e paciente 5. Pacientes hospitalizados - Psicologia 6. Saúde - Aspectos psicológicos 7. Subjetividade I. Mercer, Vânia. II. Wanderbroocke, Ana Claudia.

	CDD - 362.11019
11-05678	NLM - WX - 100

Índices para catálogo sistemático:
1. Doentes hospitalizados : Psicologia hospitalar
362.11019
2. Doentes hospitalizados : Psicologia hospitalar
WX - 100

Impresso no Brasil
Printed in Brazil

As opiniões expressas neste livro, bem como seu conteúdo, são de responsabilidade de seus autores, não necessariamente correspondendo ao ponto de vista da editora.

Reservados todos os direitos de publicação em língua portuguesa à

Casapsi Livraria e Editora Ltda.
Rua Santo Antônio, 1010
Jardim México • CEP 13253-400
Itatiba/SP - Brasil
Tel. Fax: (11) 4524-6997
www.casadopsicologo.com.br

Sumário

Apresentação 7
Maria Júlia Kovács

Prefácio 13
Marcio Peter de Souza Leite

Ética e linguagem 27
Carlos Alberto Faraco

Silêncio... Hospital – Hospital: silêncio 35
Vânia Regina Mercer

**Ações sistêmicas no hospital: a saúde e a doença construindo
redes de convivências** 49
Tânia Madureira Dallalana

**Ressonância psicológica de um transplante medular quando
o doador e o receptor são irmãos e irmãs** 83
Françoise Weil-Halpern

Representações sociais de um hospital oncológico 97
Ana Claudia Nunes de Souza Wanderbroocke

O adolescente e o câncer 105
Andrea Silvana Rossi

As mulheres do *radinho*: o tratamento radioterápico em mulheres portadoras de câncer de colo de útero 131
José Miguel Rasia

O diagnóstico de morte 153
Paulo Rogério Mudrovitsch de Bittencourt

Volte para casa e desmanche o quartinho 161
Vânia Regina Mercer

Sobre os autores 175

Apresentação

Maria Júlia Kovács
Instituto de Psicologia USP

Grandes avanços na medicina e farmacologia permitem que hospitais se tornem centros nos quais a tecnologia impera. Diagnósticos são realizados precocemente e tratamentos se tornam mais sofisticados, podendo prolongar vidas até um ponto nunca antes imaginado.

Mas será que a preocupação com pessoas doentes, sua história, sua subjetividade e as relações com o entorno têm recebido o mesmo destaque dado à tecnologia? Infelizmente, não. Quanto mais avança o desenvolvimento tecnológico, parece que menos se olha para as pessoas. Olhos voltados para máquinas não percebem as sutilezas do olhar e do sentir de uma pessoa doente.

O livro *Hospital, Saúde e Subjetividade* apresenta uma contribuição fundamental para a discussão sobre pessoas doentes hospitalizadas, sobre os cuidados para com elas e um olhar crítico sobre os excessos tecnológicos. Um grupo de profissionais de várias áreas – neurologia, psicanálise, psicologia hospitalar, sociologia, linguística – desenvolveu reflexões dentro de sua especialidade sobre os temas incluídos no título do livro.

Os títulos nos conduzem a questionamentos sobre temas como:

"Ética e linguagem", capítulo escrito por Carlos Alberto Faraco, que aponta as incertezas éticas e grandes dilemas que povoam a época atual. Refere-se a Derrida, ao relatar a emergência dos problemas éticos que promovem a experiência de indecibilidade. Abre-se o espaço para importantes debates públicos. O autor fundamenta-se em dois grandes filósofos do século XX, Buber e Lévinas, para desenvolver a questão do tu e do outro. Quanta dor e sofrimento pela ausência mostra o não reconhecimento. Ética e linguagem provocam reflexões sobre a questão da alteridade, e também sobre muitos mal-entendidos, pois se está no *locus* da incerteza, das múltiplas imagens que se entrecruzam na produção de sentidos, nos quais se inserem os profissionais das instituições hospitalares.

Em "Silêncio... hospital – Hospital: silêncios", a autora Vânia Regina Mercer traz como inspiração os escritos de Ferreira Gullar e Foucault, estes últimos tratando sobre a questão das instituições, o hospital visto como lugar de silêncio. Embora a etimologia do termo "hospital" aponte para a ideia de hospitalidade, a autora se refere à metáfora do Hospital-Usina, na qual se vê a valorização da produtividade, dos números e dos diagnósticos em siglas. O silêncio também se manifesta nas atividades dos profissionais atarefados, que não têm tempo para olhar e escutar seus pacientes, que, em sua vulnerabilidade, compreendem a vulnerabilidade de seus cuidadores. A autora traz reflexões a partir da sua dissertação de mestrado *A ausência de sujeitos na relação cuidador-cuidado: uma reflexão psicanalítica sobre o lugar da escuta do doente grave nos currículos para profissionais de saúde* (1999). Este título longo fala de um problema complexo que é o corpo invadido pela doença e procedimentos hospitalares, que transformam a sua identidade. A dificuldade de comunicação está presente no hospital: palavras não são ouvidas e queixas não são formuladas. A autora encerra o capítulo afirmando que a não escuta pode levar a quadros depressivos, e se questiona como este problema poderia ser cuidado.

"Ações sistêmicas no hospital: a saúde e a doença construindo redes de convivências", escrito por Tânia M. Dallalana, apresenta uma reflexão sobre a teoria sistêmico-cibernética, revelando a compreensão da organização de experiências que se originam das inter-relações produzidas em contextos significativos, envolvendo a ideia de complexidade proposta por Edgar Morin. Buscam-se a união e a diferenciação operadas pelo princípio da inclusão, propondo a complementaridade e construção da realidade, enfatizando a competência, valorizando a criatividade da experiência humana nos encontros dentro do hospital. A atuação no modelo sistêmico estimula e permite conexões entre equipe de saúde, família, sociedade e comunidade. o texto aborda a enfermidade e a vida familiar, considerando a pessoa, e os ciclos da vida, como proposto por Rolland. Estabelece-se uma ponte entre os mundos: biomédico, psicossocial, familiar e individual. O câncer atualmente se está tornando uma doença crônica, com demandas diferentes em cada fase, com preocupações e tarefas específicas. A autora relata sua experiência pessoal, propondo a expansão do atendimento às pessoas enfermas e familiares no enfoque sistêmico dentro da instituição hospitalar, construindo-se assim espaços de convivência. A entrevista é o instrumento escolhido para compreensão da história familiar e da

Apresentação

vulnerabilidade institucional. Ressalta-se a utilização do genograma como instrumento clínico, incluindo as dinâmicas da família, do indivíduo, da temporalidade, das redes sociais, da hierarquia de problemas e da resiliência.

"Ressonância psicológica de um transplante medular quando o doador e o receptor são irmãos e irmãs", escrito por Francoise Weil-Halpern, relata a constituição de um grupo de estudos e pesquisas sobre as consequências psicológicas ligadas à hospitalização e aos transplantes medulares, envolvendo o doador, o receptor, o grupo familiar e os chamados esquecidos. Baseada em sua experiência profissional, a autora verificou a presença de culpa e agressividade nas relações fraternas, olhando do ponto de vista de cada um dos envolvidos. Relata as fantasias e medos de cada uma das crianças e adolescentes participantes do drama. Apresenta esclarecimentos sobre relacionamentos fraternos, as defesas das crianças, os questionamentos dos adolescentes e como todos estes fatores afetam a dinâmica familiar. O doador pode-se perceber como tendo uma missão salvadora e doadora de vida. A medula é vista como laço de sangue, pelo qual podem passar qualidades e defeitos do doador.

Em "Representações sociais de um hospital oncológico", a autora Ana Claudia Nunes de Souza Wanderbroocke aponta que o câncer ainda é associado a sofrimento, morte e perdas, e os hospitais especializados nesta enfermidade carregam o estigma da doença, o que gera fantasias e preconceitos. A autora utiliza o conceito de representação social, fundamentado nos trabalhos de Jodelet e Minayo, relacionado com categorias de pensamento, sentimento e ação que expressam a realidade vivida, envolvendo questionamentos, explicações, conflitos e contradições. No imaginário social, o câncer é visto com medo, sendo associado à morte e à dor, significados que podem ser transferidos à instituição que cuida desta enfermidade. Ao se perguntar aos pacientes como viam o hospital, houve respostas diversas, entre as quais: lugar de cura e atendimento, mas também local de dor e sofrimento. Neste caso, a doença e a instituição são vistas como uma coisa só; local de curiosidade e estranheza. Há manifestação de ambivalência em relação à instituição: indesejável pelos atributos de dor e sofrimento, e desejável por envolver cuidados. A autora enfatiza a importância de se ressignificar a doença e o processo de tratamento, envolvendo novas representações, outras lentes de leitura da realidade, podendo-se aí perceber e separar o que é relativo à doença e o que é relativo ao hospital. Estas representações são determinantes para o engajamento ou não nos tratamentos propostos.

No texto "O adolescente e o câncer", Andréa Silvana Rossi aponta que a adolescência é a época de plena energia física, e que quando os jovens adoecem, ficam impedidos de exercer o que é esperado deles. Câncer e juventude não combinam. A doença provoca grandes transformações no corpo e mecanismos de defesa são acionados, principalmente o de negação, para manutenção da imagem idealizada de juventude. Segundo a autora, a morte é fato evitado pelos adolescentes, e o câncer torna-a presente, trazendo um confronto com a castração, com os limites do próprio corpo e a necessidade do jovem e das pessoas próximas de evitar o assunto. Mas é o confronto com a morte que pode provocar um grande amadurecimento. Surge nos jovens o medo de não se sentirem mais pertencentes ao seu grupo de referência. Eles adotam a rebeldia, trazendo em suas falas a insubordinação às rotinas hospitalares e aos tratamentos. Por outro lado, o hospital pode ser um espaço para novos relacionamentos sociais. Há papéis sociais que têm que ser abandonados por causa da doença, o que mexe com a questão crítica desta etapa do desenvolvimento, que é a identidade. A autora se questiona como lidar com a necessidade de se despregar dos adultos quando a doença provoca a dependência. Os pais têm que lidar com o luto invertido, pois se espera que pais morram antes de seus filhos.

Em "As mulheres do *radinho*: O tratamento radioterápico com mulheres portadoras de câncer de colo de útero", o autor José Miguel Rasia aborda o tratamento radioterápico destas mulheres no Hospital Erasto Gaertner, em Curitiba, com base no instrumental teórico das Ciências Sociais e da Psicanálise lacaniana. Foram ouvidas sessenta mulheres que falaram das representações do câncer genital e de como este afetou sua sexualidade e as relações de gênero. Foram submetidas a dois tratamentos: à bomba de cobalto ou acelerador linear e à radioterapia intravaginal ou braquiterapia (conhecida como radinho). No hospital, nas salas de espera para os tratamentos, estas pacientes atualizam conhecimentos e trocam experiências sobre câncer e tratamentos. A braquiterapia exige internamento, instalação de dispositivo intravaginal, isolamento, imobilização no leito, desconforto e solidão. O autor apresenta questões sobre o número de sessões, o tempo gasto. Quanto ao tratamento, as pacientes se questionam se o tratamento está tendo efeito, uma vez que não se vê nada. E a máquina da radioterapia é vista como a "*máquina que bufa*", "*a máquina que pode esmagar*" numa clara alusão à percepção de agressividade do tratamento.

Em "Diagnóstico de morte", o autor Paulo Rogério Mudrovitsch de Bittencourt discute a validade dos métodos atuais de diagnóstico de morte cerebral,

Apresentação

trazendo referências a vários artigos internacionais sobre o assunto. O conceito de morte encefálica é fato consumado para vários médicos, mas ainda existe controvérsia sobre o tema. Desde a década de 1950 houve grandes avanços na área médica, e as condições de manutenção artificial da vida cresceram vertiginosamente, também se refletindo no aumento do número de transplantes bem sucedidos. O autor reafirma a importância de se utilizar o termo correto, que seria morte encefálica, e não morte cerebral, pois o tronco cerebral também está comprometido. Os exames que comprovam morte encefálica são caros e sofisticados, perguntando-se, então, quem pagará por eles. O autor espera que no futuro a constatação de morte encefálica possa ser feita por um médico de UTI ou por exames como ressonâncias magnéticas ou tomografias. Há uma descrição da compreensão da morte encefálica no Brasil, mais particularmente no Paraná.

Como se vê pela riqueza das reflexões trazidas em cada capítulo, este livro com certeza será importante referência para profissionais e estudantes interessados em se aprofundar em questões relacionadas à psicologia hospitalar e com o atendimento que caminhe para além de cuidados apenas com a doença. Que se cuide também do doente, respeitando-se sua singularidade, o que o torna ser, de posse de sua subjetividade e dono de sua história!

São Paulo, 11 de março de 2006.

Prefácio

Marcio Peter de Souza Leite

Saúde e subjetividade: ser falante, animal desnaturalizado

Mezan (1996), no artigo "Paradigmas e modelos da psicanálise atual", cita Bernardi, que propõe a existência de três paradigmas na psicanálise contemporânea: o freudiano, caracterizado pelo paradigma pulsional; o kleiniano, caracterizado pelo paradigma objetal; e o lacaniano, caracterizado pelo paradigma do Sujeito.

Ao centro do ser que habita os corpos, que é o que nos faz humanos, chamou-se, em filosofia, Sujeito. O termo Sujeito está presente desde os primeiros escritos de Lacan, e seu uso equivale a "ser humano". Para Lacan, o Sujeito não é uma sensação consciente, uma ilusão produzida pelo Eu, senão que é inconsciente, e por isso não é o agente da fala, suporte da estrutura, mas descentrado, acéfalo, dividido, evanescente. O Sujeito na psicanálise é explicitamente diferente da consciência, é um Sujeito não fenomenológico, não é uma categoria normativa, é uma categoria clínica, e não remete a uma totalidade.

Do ponto de vista histórico, o Sujeito evidenciado pela psicanálise é o Sujeito da ciência. Para Lacan existiu uma mudança decisiva que fundou a ciência moderna, no sentido de não se inscrever em continuidade aos saberes que a precederam. A emergência da ciência moderna deveu-se a uma modificação da posição do Sujeito que seria consequência de sua relação com o saber. Esse acontecimento seria datado a partir do *cogito* cartesiano, o que teria produzido uma separação radical entre Sujeito e saber.

O Sujeito, visto pela psicanálise, tem uma historicidade. Lacan usa a expressão "certo momento do Sujeito", ou "momento historicamente inaugural do Sujeito" (1998), referindo-se também a um "Sujeito novo", ou a uma "modernidade do Sujeito". Ou seja, o Sujeito moderno seria o Sujeito decorrente do desprendimento do Sujeito da ciência, o que ocorreu como efeito da operação do *cogito*. A partir daí, a ciência passou a ser um saber novo que recusa o Sujeito. A ciência moderna seria uma modalidade de saber liberada do vínculo com qualquer subjetividade, seria uma ideologia da supressão do Sujeito.

Para Lacan, a psicanálise está em correlação com esse momento da ciência, sendo o Sujeito da ciência a condição para a existência do discurso analítico. Para a psicanálise, o Sujeito não é uma substância, não é uma *res cogitans*, como dizia Descartes. O Sujeito, para a psicanálise, não é a consciência, não é a experiência, não é a fonte do sentido, ele é constituído de uma verdade.

É o Sujeito que se define por um ato de afirmação, que Lacan diferencia do Eu. O Eu é entendido como a sensação de um corpo unificado, e, na teoria do estádio do espelho, encontra-se produzido a partir da imagem do outro. Em diferença do Eu, que, como se disse, para Lacan é construído a partir da imagem do outro, o Sujeito decorre do Outro (com maiúscula), que é referência à linguagem enquanto efeito de ordem simbólica. Por isso, o Sujeito é consequência do significante, e é regido pelas leis do simbólico. Para Lacan, portanto, a causa do Sujeito é a estrutura do significante. Na leitura de Lacan, o Sujeito decorre do significante. Por outro lado, o significante articula-se ao corpo pelo gozo.

Hospital e subjetividade: não existem doenças, existem doentes

A clínica psicanalítica consiste em, a partir do conteúdo manifesto, presentificar a verdade que está no conteúdo latente. Na cura analítica, trata-se de se evidenciar a verdade ocultada na fala (manifesta) do sujeito.

"A verdade se sofre", diz Lacan. O psicanalista é uma das figuras que na civilização recolhe os gritos dessa verdade que se apresenta ao analista como sintomas do sujeito.

A invenção da prática analítica abriu um novo campo, que foi chamado por Freud de "realidade psíquica". Fato que tem uma incidência política, pois evidencia, além da realidade que organiza nosso mundo, uma outra particular do Sujeito, que não pode ser coletivizada. Para Lacan, "o sintoma constitui a ordem na qual se verifica nossa política", em que a questão da *pólis* pode ser interpretada.

Freud formulou uma teoria da cultura considerando que as características do psíquico decorrem da passagem do humano visto como animal, para o humano enquanto regulado por uma ordem cultural, e descobre que a razão dessa passagem é a sexualidade que, ao inserir a diferença, instaura o simbólico.

A sexualidade humana mostra que, pelo fato de o animal humano estar atravessado por uma ordem diversa da natural, diferentemente dos outros animais, não tem um objeto sexual predeterminado. Para Freud, o principal parâmetro que demonstra a submissão do sujeito humano a uma organização que não a natural, que é o simbólico, seria a existência das estruturas de parentesco.

Essa submissão ao regime de proibições que regula a interdição do incesto, pivô da estrutura de parentesco, instaura a produção de um Sujeito e exige dele uma renúncia pulsional, fundamento da coexistência social. O animal humano desnaturaliza-se pelo fato de ele ser "parasitado pela linguagem".

A cultura é construída, segundo Freud, devido à renúncia pulsional. Porém Freud observou um paradoxo que chamou mal-estar na civilização, ou seja, a constatação de que a civilização exige de cada sujeito não só renúncias, mas cada vez mais renúncias.

A visão da cultura de Lacan difere da de Freud, pois a pensou não como uma satisfação substitutiva de desejos, como Freud, mas como um gozo que implica uma complementação objetal, caso das culturas capitalistas. A figura atual da renúncia ao gozo, o mal-estar da cultura atual, segundo Lacan, decorre do consumo interminável de bens. Objetos estes impostos pelo mercado, que nos obrigam a trabalhar mais, fazendo que a forma de renúncia ao gozo na atualidade seja a alienação do sujeito ao trabalho.

Lacan (1998), no texto "De um sujeito finalmente em questão", diz:

> [...] é difícil não ver, já antes da psicanálise, introduzida uma dimensão que poderia chamar de sintoma, que se articula pelo fato de que representa o retorno da verdade como tal na falha de um saber, se pode dizer que esta dimensão, inclusive se não está explicitado aí, é altamente diferenciada na crítica de Marx [...].

Lacan coloca Marx como inventor do sintoma, o que implica deslocar o sintoma de uma noção idealista, que seria a de entendê-lo somente como realização de desejos como era para Freud, e ampliá-lo, pois para Marx o sintoma é o sintoma de uma verdade (por isso Marx é o inventor do sintoma), e para Freud, o sintoma é a verdade.

Daí a necessidade de separar o sintoma particular, que se refere à descoberta de Freud, do sintoma social. Segundo Lacan (1998), "[...] há apenas um sintoma social: cada indivíduo é realmente um proletário". Ainda Lacan: "[...] o proletário não é simplesmente explorado, ele é aquele que foi despojado da sua função de saber". Todos somos proletários, porque a condição que determina as relações entre os sujeitos humanos se deve a que não há uma verdade que possa ser dita.

A mais-valia marxista é um conceito que permite que Marx acure a exploração imposta ao proletário pelo proprietário dos meios de produção. Marx diz que, quando o capitalista percebe que o preço pago por uma mercadoria como valor de troca tem uma mais-valia (que é o trabalho), ele ri. Marx diz: "[...] o capitalista sorri quando está frente ao encanto de algo que brota de nada".

A partir desse riso capitalista, Lacan estabelece a homologia entre mais-valia e mais-gozar. Lacan (1998) propõe uma fórmula que resume sua posição: "A mais-valia é a causa do desejo da qual uma economia faz seu princípio". Ou seja, o mais-gozar foi deduzido por Lacan tanto de Freud (*Lustgwinn*) como de Marx, o que permite a Lacan formular uma nova conexão entre o objeto produzido tecnicamente e a satisfação da pulsão.

Ao colocar Marx como o inventor do sintoma, Lacan define o sintoma como a expressão do Real no Simbólico, reformulando a definição de sintoma como uma comemoração de um trauma ou como a expressão de uma realização de desejo, com sua estrutura de metáfora.

Se não há cura do mal-estar, para que serve interpretar a cultura? O psicanalista não pode prometer uma cura do sintoma social, nem um laço social adequado, nem satisfação, mas apenas uma outra ética que identifica o bem com o bem-estar, e nem negar que existe uma demanda social, que se identifica com uma demanda terapêutica, que é a de reduzir o sintoma.

O psicanalista trabalha para a adaptação do analisante ao mundo capitalista ou para a verdade particular do sujeito?

O analista, sendo ele mesmo um objeto do mercado, deve lembrar-se de que a ética analítica se situa além do terapêutico.

Pode o analista não levar em consideração o desejo de alívio terapêutico dos sintomas? Isso faz que ele tenha de se comprometer com a causa do inconsciente, o que, quase sempre, contrapõe-se à causa do mercado, já que cada um conta somente com sua verdade particular para responder ao mal-estar.

Prefácio

O pivô da máquina que sustenta a estrutura social é a figura do Pai, função ligada à sexuação masculina, que comporta um todo. Na cultura atual, observa-se uma menor eficácia da metáfora paterna e uma pulverização dos ideais.

A época da globalização deixou de ser regida pelo pai, que é quem faz o todo, quem totaliza. A globalização é uma destotalização, é o não todo ligado ao feminino, ligado à individuação, ligado ao sujeito sem referência do discurso capitalista. Se o antigo mestre era o pai, que se fazia obedecer, o mestre contemporâneo é o mercado.

A cultura atual, claramente capitalista, exige do sujeito que se submeta ao império do consumo. A única saída para isso, no dizer de Lacan, é a psicanálise, que pode apontar a castração.

Hospital e saúde: o corpo em psicanálise

Que o homem difere dos outros animais é algo que não deixa dúvidas. Somos a única espécie que fala, e, por isso, estamos determinados pelas relações simbólicas, como testemunham a existência do sistema monetário, as relações de parentesco, a existência universal do sepultamento, as guerras, a ditadura da beleza, a moda.

Para salientar esse fato, em um momento tardio de seu ensino, Lacan inventou o neologismo *parlêtre* que condensa as palavras em francês *parler* (falar) e *être* (ser), produzindo o termo, traduzido para o português como "falente" ou "faleser", termo que se refere ao ser falante, e que se contrapõe à noção de sujeito.

Para a psicanálise, existem dois corpos. Podemos falar em um corpo máquina, composto de circuitos neuronais, hormonais e imunológicos, e em um corpo de linguagem, parasitado pelo significante, o homem paga o preço por falar, e o corpo, enquanto organismo desvitalizado pela palavra, fica perdido em tanto real.

Quando a psicanálise fala do corpo, nunca se refere ao corpo no sentido que o define a anatomia ou a fisiologia. O corpo marcado pela linguagem, pelo simbólico, não é o corpo biológico, o corpo do falante, é um corpo de gozo, um corpo de desejo, um corpo erótico.

O corpo do *parlêtre* é secundário à existência da linguagem. O simbólico, tendo tomado corpo, incorpora-se, o corpo faz-se verbo. Do encontro traumático entre carne e verbo, fica a marca de um sofrimento originário, o corpo, portanto, é o Outro. Antes de se servir da linguagem como instrumento, os falantes foram estruturados por ela. A consequência da incorporação simbólica é o esvaziamento do gozo da carne, por isso os animais não têm corpo, nem ser, são apenas carne.

17

Lacan difere o homem do animal estabelecendo a diferença entre o corpo e a carne. Não é toda carne que se torna corpo: unicamente a dos seres falantes, por meio da negativização das carnes.

O natural no ser falante perde-se pela mortificação imposta pela entrada no discurso. A palavra mata. A negativização consiste em retirar o gozo por meio da linguagem, ação que mortifica a carne e a transforma em corpo. A homofonia entre *corps*, em francês, e *corpse* (cadáver), em inglês, permite a Lacan dizer que a linguagem *corpsifica*.

O corpo ganha corpo quando é investido pela palavra do Outro, que incide sobre o biológico e constitui a subjetividade. O falante não tem sua identidade sexual assegurada pela biologia. O corpo é vivenciado na experiência analítica como fragmentado, pois o corpo se quebra conforme as articulações do significante.

A orientação lacaniana distingue as emoções, que são de registro animal, vital, dos afetos, que pertencem ao Sujeito. Para Lacan, a angústia é um afeto, não uma emoção, e para compreender a teoria dos afetos, é necessário passar da psicofisiologia à ética.

É o Sujeito, causado pelo significante, que marca o corpo pelo gozo, e não o Eu, em que a psicanálise atua.

A psicanálise, tomada pelo paradigma do Sujeito, vê no outro, tanto em sua dimensão imaginária de semelhante como em sua dimensão simbólica de Outro, e mesmo na dimensão real de *das Ding*, a causa do Sujeito.

Esse fato aponta para uma alienação originária na constituição do Sujeito e faz que, para ele, o saber esteja sempre no outro. Daí a psicanálise incluir a presença do Outro, por meio da pessoa do analista, como condição do tratamento, e, com isso, reproduzir na transferência a estrutura em que o Sujeito demanda a um outro uma resposta sobre o que lhe falta.

Hospital, saúde e subjetividade: neurociências e psicanálise

Freud propôs que o fato de o bebê depender dos cuidados de uma outra pessoa para a sua subsistência por um longo período de tempo confirma o desejo humano, e chamou esse acontecimento de desamparo (*hilfogliskeit*).

Essa afirmação de Freud pretende ser confirmada, do ponto de vista neurológico, por meio da teoria da "epigênese", nome dado, durante o desenvolvimento do cérebro antes do nascimento, a uma proliferação de neurônios e sinapses, seguindo-se uma regressão e morte de grande parte desses neurônios.

Observa-se, depois do nascimento, o "fenômeno de redundância difusa", em que os neurônios que restam se ramificam e enviam um número exagerado de prolongamentos, ligando-se a outros neurônios com mais de uma ramificação.

Após o nascimento, seguindo-se a essa fase de "redundância sináptica", ocorre uma etapa de regressão das ramificações axiônicas e dendríticas, estimulada pelo contato com o meio ambiente. A demonstração disso é feita por Edelman com a "teoria das categorizações" (*apud* Green, 1994), em que se refere à utilização dos circuitos neuronais em consequência da satisfação de necessidades ligadas à preservação da vida, o que introduz a constatação de que a experiência vivida pelo ser humano intervém ativamente na modelação do tecido cerebral.

"Ou seja, a investigação neurobiológica confirmaria a observação freudiana do desamparo" (Edelman *apud* Green, 1994), formalizando-a com a teoria da "[...] epigênese das redes de neurônios" (Edelman *apud* Green, 1994) e completando-a pela "teoria das categorizações" de Edelman.

Segundo Green (1994), a teoria proposta por Edelman:

> [...] é uma grande mutação na reflexão biológica[...] [pois o conceito de autocategorizações seria] indicativo de um tipo de organização não proveniente do exterior, sendo um tipo de organização que se faz no seio da própria pessoa segundo processos em que há algo como um tipo de regulação interna, feita por qualquer coisa que não pode chamar sujeito ou Eu.

No entanto, muito antes de a neurobiologia fazer essas descobertas, Lacan, com a teoria do estádio do espelho, apontou as consequências na constituição do psíquico, em virtude da condição neurológica humana. As chamadas neotenia, heterocronia, fetalização, ou ainda síndrome de Bolk, que se referem à prematuração específica do bebê, que, ao nascer, por não ter a bainha dos neurônios do córtex cerebral mielinizada, não possui coordenação motora.

Para Lacan, o fato de o bebê não ter coordenação motora, ou seja, uma unidade corporal, mostraria a impossibilidade de possuir um Eu fundado pelas funções biológicas.

Lacan retirou de Wallon a evidência de que, antes que a coordenação motora seja neurologicamente possível, a criança já se reconhece no espelho. O fato de se reconhecer no espelho demonstraria a existência de um Eu, entendido como corpo unificado. Por isso, o estádio do espelho demonstraria que há uma antecipação das funções psicológicas em relação às biológicas como fonte da integração da unidade corporal, o que contraria a hipótese de um Eu fundado em atividades cerebrais.

Com isso, Lacan fundamentou de outra maneira a descoberta de que o Eu, enquanto corpo próprio, não se reduz ao biológico. Lacan, assim como Freud, também demonstrou a existência de um corpo que não se reduz ao orgânico e formalizou, com o estádio do espelho, o que Freud havia anteriormente chamado de corpo erógeno.

Dessa maneira, tanto Lacan como Freud discordam de Descartes, na medida em que introduzem a ideia de que o pensamento está encarnado em um corpo. Para a psicanálise, há um corpo que não se reduz ao organismo, chamado corpo narcísico, que é um corpo de gozo, como ensinam os sintomas conversivos ou os fenômenos psicossomáticos.

O estádio do espelho mostra o lugar do corpo na relação com o psíquico, e coloca a *gestalt* do corpo como conformadora da função do Eu. Porém, com o avanço do ensino de Lacan, essa teoria foi sucessivamente reelaborada.

Por meio do recurso a uma experiência usada em óptica física, conhecida como a experiência de Bouasse, em que se utiliza um vaso (no qual as flores estão fora dele e em sentido inverso) colocado em frente a um espelho côncavo, produzindo a ilusão de se ver o vaso com as flores dentro, Lacan seguiu a sugestão de Freud, que indicava o interesse pelos modelos ópticos, usados para descartar a noção de localização anatômica e permanecer no terreno do psíquico.

O olho, no modelo usado por Lacan, é o símbolo do Sujeito, e significa que, na relação do imaginário com o real, tudo depende da situação do Sujeito, posto que essa situação está essencialmente caracterizada por seu lugar no mundo simbólico, o mundo da palavra. Ou seja, o corpo é tão real, quanto o vaso refletido no espelho, quer dizer, ele é inacessível ao olhar e, portanto, o Sujeito (determinado pela ordem simbólica) nunca terá mais que uma apreensão imaginária do corpo (Figura 1).

Prefácio

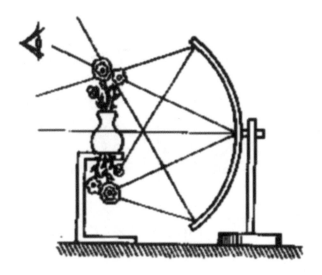

Figura 1

Essa ausência de localização anatômica decorre do fato de que o estádio do espelho articula o corpo com o psíquico a partir da ideia de que, na captação pelo sujeito de sua unidade corporal, há uma antecipação do psicológico sobre o fisiológico.

No primeiro momento da formalização do estádio do espelho só havia o imaginário e o real, não havia o lugar do simbólico. O que o esquema óptico introduz é o lugar do Sujeito, o lugar do simbólico, o lugar de onde se vê a imagem (que seria a imagem do corpo). Com isso, Lacan articula o imaginário, o simbólico e o real, ressituando o lugar do corpo, colocado antes em seu ensino como equivalente à *gestalt* do corpo real.

Em 1953, Lacan introduziu o simbólico como condição do sujeito, e propôs o esquema óptico como um segundo momento do estádio do espelho (Figura 2).

Hospital, saúde e subjetividade

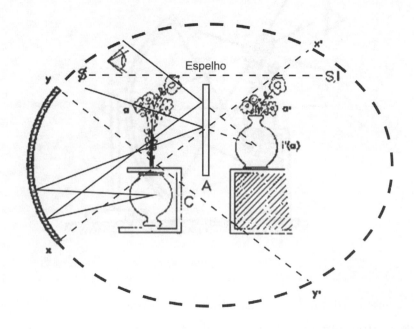

Figura 2

Nessa releitura, Lacan representou o vaso (marcado com a letra "C") como o corpo, e o olho como o Sujeito. Lacan, no Seminário I, refere-se a isso ao dizer: "Então o que quer dizer este olho que está aí? Isto quer dizer que, na relação do imaginário e do real, tudo depende da situação do sujeito. A situação do sujeito, os senhores devem sabê-lo".

O esquema óptico articula o corpo, enquanto real (o vaso, letra "C"), que, como tal, é inacessível ao olhar. Portanto, o sujeito nunca terá do corpo senão uma apreensão imaginária.

O esquema óptico mostra que o sujeito nunca apreende o corpo como realmente é, pois o corpo, para a psicanálise, não é o corpo biológico, é o corpo libidinal, ou corpo erógeno. No esquema óptico, o corpo não se vê, só é captado imaginariamente pela posição do sujeito.

Prefácio

Mal-estar no capitalismo: declínio da função paterna

Para Freud, a civilização é constituída por uma renúncia à pulsão. O "mal-estar" deve-se a essa renúncia do gozo e aos destinos que esses impulsos tomam em cada um.

A lei que instaura a cultura, a lei de proibição do incesto, ao interditar a escolha do objeto incestuoso, desnaturaliza a vida erótica do homem. O efeito é o aumento do sentimento de culpa, que se liga a uma posição masoquista e conduz o sujeito a redirecionar contra si o impulso agressivo.

Lacan viveu depois de Hiroshima e Auschwitz, o que quer dizer que não podia desconhecer as devastações produzidas pela civilização tecnocientífica. Por isso, posicionou-se de modo diferente ao de Freud com relação ao mal-estar na civilização, concebendo-o como originário dos efeitos do discurso da ciência. Para Lacan, a queda do saber do mestre, transformado pelo saber científico, justifica o mal-estar das sociedades atuais.

O declínio do pai foi posto em evidência por Lacan em 1938, no texto "Os complexos familiares na formação do indivíduo", em que afirma que o declínio social da imago paterna mostra-se condicionado pela migração das populações que passaram a se concentrar nas grandes cidades. Esse fato produz efeitos sobre a estrutura familiar observáveis no "crescimento das exigências matrimoniais", acarretando o "protesto da esposa lançado ao marido".

Lacan diz nesse texto:

> Não somos daqueles que se afligem com um pretenso afrouxamento do laço familiar [...]. Mas um grande número de efeitos psicológicos nos parece se originar em um declínio social da imago paterna [...]. Seja qual for o futuro, esse declínio constitui uma crise psicológica. Talvez seja a essa crise que devamos reportar a aparição da própria psicanálise.

A hipótese é de que a descoberta freudiana é uma resposta às consequências do desenvolvimento do discurso da ciência. Por isso, em 1966, Lacan diz que "[...] a psicanálise é essencialmente o que reintroduz na consideração científica o Nome-do-Pai".

Lacan, no seminário "A relação de objeto", caracterizou os homens de sua época como homens como Hans – referência ao caso de fobia infantil –, que seriam homens angustiados diante das mulheres, homens que não tomam a iniciativa no campo sexual, protótipo de homens passivos, que esperam que a mulher-mãe faça por eles.

A instauração do viril é efeito da estrutura que requer uma perda para erogeneizar o órgão peniano, para que a função sexual tome seu lugar, o que indica que existem diferentes modos de distribuir as posições sexuadas no decurso do tempo.

O desaparecimento do viril decorreria do fechamento do masculino em relação à incidência da exceção paterna, formalizada pela proposição "existe ao menos um". Isso significa que o viril exige algo além do universalismo do "todos juntos" ou "todos iguais".

Em *Totem e tabu*, Freud diz que a sexuação masculina situa-se a partir da existência mítica de um único homem que contraria a democracia da castração.

Ainda nesse mesmo texto, assinala que a condição de existência da cultura e do próprio sujeito é a instauração da lei, que ele justifica no mito do parricídio originário.

A lei está na origem da constituição da cultura e do sujeito. Não há como erradicá-la nem como se liberar dela.

A renúncia ao gozo do objeto incestuoso instaura uma falta em gozar. Freud indica um conflito inconciliável entre a civilização e as reivindicações pulsionais do indivíduo. Já Lacan pensa os efeitos do capitalismo sobre as relações do sujeito com o gozo, o que permite conceituar as novas subjetividades e os novos sintomas.

O significante (o pai, a cultura, a civilização) não exclui, interdita ou reduz o gozo, mas, ao contrário, inventa novas maneiras de gozar.

A construção do universo masculino evoca o pai primitivo freudiano que pode gozar de todas as mulheres, fazendo com que todos os outros sejam atingidos pela castração.

Esse "homem não submetido à castração" é o único a gozar de toda mulher, o único capaz de fundar a identidade feminina. O mito freudiano veicula que a existência da exceção do pai fundador possibilita o aparecimento do clã, ou seja, o conjunto dos filhos castrados.

O mesmo acontece com relação ao sujeito masculino: a castração funciona como limite e, ao mesmo tempo, como sustentáculo de sua posição sexual viril. A castração é o preço a ser pago para que o homem possa ser reconhecido como tal.

O horizonte atual da paternidade é a tendência de se apagar essa dimensão de exceção ou esse "ao menos um", essencial à transmissão da castração no homem.

Prefácio

O papel do pai era representar a autoridade, "ser pai", contrariamente a "ser genitor", supõe o acesso à dimensão simbólica, à linguagem. "Ser pai" tem a ver com a instalação da realidade psíquica do Sujeito. A paternidade não é questão de hereditariedade, mas de palavra. E a confusão entre pai e genitor, instalada pelo teste de DNA, produz uma superposição entre o registro do real – a genética – e o registro do simbólico – a filiação jurídica.

Essa teorização do pai foi chamada por Freud de "complexo de Édipo": metáfora da estruturação do Sujeito, operando a instalação das identificações. Essa metáfora que, levada mais longe pelo ensino de Lacan, é consequência da instalação da linguagem, recebeu o nome de "além do Édipo", fazendo do ser humano um ser de gozo que se inscreve na linguagem para se introduzir no campo do Outro e abordar a realidade.

Referências bibliográficas

GREEN, A. Neurobiologia e psicanálise. In: JUNQUEIRA FILHO, L. C. U. (Org.). *Corpo-Mente*. São Paulo: Casa do Psicólogo, 1994.

LACAN, J. De um sujeito finalmente em questão. In: _____. *Escritos*. Rio de Janeiro: J. Zahar, 1998.

MEZAN, R. Paradigmas e modelos na Psicanálise atual. In: PELLANDA, N. M. C.; PELLANDA, L. E. C. (Orgs.). *Psicanálise hoje*: uma revolução no olhar. Rio de Janeiro: Vozes, 1996.

Ética e linguagem[1]

Carlos Alberto Faraco

É bastante evidente que vivemos o tempo das incertezas éticas e, portanto, dos grandes dilemas quanto a como agir. É cada vez mais claro que não há normas éticas universais *a priori*, algo que nos transcenda e que justifique, do exterior, nossos atos. Não dispomos de tábuas cujos conteúdos sejam princípios universais, válidos objetivamente para todos e todas as situações. Sequer dispomos de um princípio formal, ao estilo do imperativo categórico da ética kantiana, que pudesse, à falta de conteúdos universais, servir de parâmetro seguro para nosso agir.

E essa situação fica ainda mais complexa quando, além de constatarmos a inexistência de princípios de validade universal, constatamos também a multiplicidade de princípios contingentes e conflitantes com que são justificados os atos humanos.

Tal situação poderia nos levar ao extremo da total indiferença quanto às justificativas para nossos atos, o que, no fundo, não passaria de uma espécie de niilismo ético: se não há normas universais, tudo é permitido e, por consequência, salve-se quem puder.

O filósofo francês Jacques Derrida – que se ocupou com problemas de ética em seus textos mais recentes, pois sua filosofia da desconstrução foi recebida, em alguns contextos, como a causa da total relativização das questões éticas – mostra-nos, contudo, que a indiferença e o niilismo não são as únicas respostas possíveis para a constatação da inexistência de um fundamento ético universal e da presença de uma pluralidade de princípios contingentes e conflitantes.

Sua argumentação segue no sentido de que é exatamente a incerteza que faz emergir o problema ético. É a experiência da indecidibilidade (isto é, a percepção

---

[1] A primeira versão deste texto foi apresentada na mesa-redonda "Os avanços da medicina e questões de bioéticas", no Congresso Internacional de Psicanálise e Clínica de Bebês, realizado em Curitiba, de 6 a 9 de junho de 2001.

do caráter sempre aporético) das questões éticas que nos põe diante da necessidade de decidir e assumir as decisões.

Derrida chega a fazer uma asserção bastante forte sobre isso. Diz ele:

> Só há ética, só há responsabilidade moral, como se diz, ou decisão ética, ali onde não há mais regras ou sistema de normas éticas. Se há regras ou se há uma ética disponível, nesse caso basta saber quais são as normas e proceder à sua aplicação e assim não há mais decisão ética. O paradoxo é que, para haver decisão ética, é preciso que não haja ética, nem regras, nem normas prévias. (2001, p. 13)

Nesses termos, a ética deixa de ser entendida como um conjunto de princípios inequívocos, ou como um conjunto claro e definitivo de respostas (como um espaço de certeza, portanto), e passa a ser entendida como um modo de pôr o problema da indecidibilidade das questões que cercam nosso agir como um espaço de contínua inquirição crítica em torno da incerteza quanto à melhor forma de agir em cada caso.

Com isso, as questões éticas deixam de ser mero tema técnico, isto é, da alçada de alguns poucos especialistas, e são projetadas no grande espaço do debate público e aberto, em que os argumentos devem ser sustentados e podem receber adesão ou ser contestados e refutados. É só assim, ou seja, fazendo as questões éticas reverberarem no espaço público, que a ética pode buscar articular a perplexidade de estarmos sempre diante do indecidível e, não obstante, fazer termos de decidir.

Embora, em boa parte das situações concretas, as decisões sejam individuais e, portanto, solitárias, a partilha pela busca da verissimilitude dos eventos pode amenizar os conflitos inerentes à indecidibilidade.

Por outro lado, a abertura para o espaço público da contínua inquirição crítica em torno da incerteza quanto à melhor forma de agir retira as questões éticas do universo do puramente individual. Se é verdade que as decisões decorrem da adesão do indivíduo a este ou àquele princípio, é fundamental que o caminho para a adesão passe pelo debate público, já que os efeitos das decisões transcendem o território individual.

A obrigação de decidir, embora sem uma normatividade garantida (ou seja, sem normas transcendentes e absolutas), decorre do fato de que não podemos permanecer indiferentes aos outros, porque reconhecemos que nossos atos, pessoais ou institucionais, têm efeitos sobre eles.

Mas há também uma razão maior possível. E ela é trazida ao debate por dois importantes filósofos do século XX, Martin Buber e Emmanuel Lévinas. Os dois – na esteira de uma tradição filosófica que, desde o século XVIII, tem dado primazia à inter-relação e não ao ser (Faraco, 2005) – deram especial atenção aos problemas éticos.

Buber construiu, em seu livro de 1923, *Ich und Du* (*Eu e Tu*, 1977), uma espécie de ontologia da relação – resumida em seu *slogan* de sabor bíblico: "No princípio é a relação" (p. 20) –, uma ontologia da inter-relação como modo humano de existência e, por consequência, uma possibilidade ética fundada no inter-humano.

Ele dá destaque ao fato de que a alteridade precede e é constitutiva da identidade, da ipseidade – "Ich werde am Du" ("Me torno na relação com o Tu"). Devo à presença do Tu as minhas possibilidades existenciais. Toda e qualquer função psíquica só se desenvolve, bem ou mal, na presença do outro. Ser reconhecido é a pedra angular da construção do Eu: ser visto, reconhecido, respeitado.

Do caráter constitutivo, estruturante da inter-relação, decorrem os fundamentos de uma ética do inter-humano. O Tu tem o dever de reconhecer o Eu – como dirá Bakhtin, mais tarde (1961, p. 287), "A morte absoluta – o não ser – é o estado de não ser ouvido, de não ser reconhecido, de não ser lembrado. Ser significa ser para um outro, e por meio do outro, ser para si mesmo".

Por outro lado, o Eu tem o dever de reconhecer o Tu, o que significa, fundamentalmente, responder ao Tu. O Eu é instado a responder.

Para Lévinas, por sua vez, cada um de nós está submetido à primazia do Outro ("*Autrui*"), ou seja, desde o começo, os outros já estão sempre lá e nosso encontro primordial, inevitável e constitutivo com a alteridade, impõe-nos a necessidade de a ela responder.

Ele criticava qualquer abordagem apenas intelectualista da interação. Para ele, há uma inter-relação originária irredutível à mera compreensão intelectual. Ou, em outras palavras, não é possível reduzir a interação ao proposicional, porque, antes de ser mero objeto de conceituação, a interação é desde sempre uma relação que nos obriga a responder à face (à exterioridade do outro): antes e para além de ser objetificada, a inter-relação é, portanto, vivida.

Quanta dor, quanto sofrimento, quantas fragilidades subjetivas, quanta morte psíquica pela ausência ou recusa de reconhecimento!

Quantos conflitos, quanta destruição, quanto sangue derramado pela recusa do reconhecimento da face do outro!

Assim, para Lévinas, não são sistemas abstratos de normas que dão densidade à vida ética humana; o senso ético, ao contrário, nasce e mantém-se a partir da experiência primordial e inevitável da alteridade, experiência que precede e transcende toda elaboração conceitual e normativa e fundamenta a obrigação de responder.

Se o encontro com a alteridade nos impõe a responsividade como obrigação, e se considerarmos que boa parte de nossas interações se dá verbalmente, podemos, então, concordar com a afirmação do filósofo norte-americano Kenneth Burke (Burke, 1961) de que os usos da linguagem necessariamente envolvem responsabilidade ética. Não só porque nossos atos de linguagem têm efeitos sobre os outros; mas também porque, ao dizer, estamos sempre respondendo a um já-dito mediato ou imediato. E, ao fazê-lo, estamos necessariamente nos dirigindo a outros de quem esperamos atos responsivos.

Numa discussão sobre ética e linguagem, não podemos, portanto, perder de vista que nossos atos de linguagem se realizam no horizonte da alteridade e, por isso, precisam necessariamente tomar o outro em conta. É preciso estar atento aos efeitos do nosso dizer; às reações dos interlocutores.

Como o outro não é simples, homogêneo e igual, mas complexo, heterogêneo e irredutível em sua diferença; e como a linguagem não é uma realidade una, mas uma multidão de modos de dizer (um universo heteroglótico, para usar um termo mais técnico), nossos atos de linguagem envolvem necessariamente decisões quanto ao modo mais adequado de realizá-los, sem que para isso haja qualquer base segura. Só a contínua sensibilidade para os outros é que nos poderá dar algumas balizas para o dizer. Sempre, porém, incertas, porque a interação sempre aproxima a diversidade da diversidade; e envolve bem mais do que o simples cálculo racional.

Sabemos, a partir de várias fontes teóricas, que nossos atos de linguagem estão inexoravelmente marcados pelo mal-entendido. Face à inevitável indeterminação semântica da linguagem, não podemos, como locutores, ter o controle racional absoluto sobre o que significamos nem o controle sobre como nossos enunciados adquirem significação para os outros.

O *locus* da interlocução é, portanto, marcado pela incerteza, pela indecidibilidade. E, no entanto, temos de continuamente decidir. A análise do discurso como praticada pelos linguistas, na busca de dar conta dos inúmeros elementos que atravessam nosso dizer, tenta operacionalizar, como um de seus instrumentos, o complexo jogo de imagens que, social e culturalmente construídas, circulam entre locutores, interlocutores e temas ou objetos da interlocução.

Daí se dizer que a interlocução nunca é somente diádica, mas sempre permeada por múltiplas imagens que se entrecruzam e participam dos processos de produção de efeitos de sentido nos diferentes eventos interacionais.

Para mencionar algumas, destaquemos a imagem que o locutor tem de si mesmo naquele contexto determinado; a imagem que o locutor tem do interlocutor ali; a imagem que o locutor pensa que o interlocutor tem dele ali; a imagem que o interlocutor tem de si ali; a imagem que o interlocutor pensa que o locutor tem dele ali; a imagem que o locutor tem do objeto ali; a imagem que o interlocutor tem do objeto ali; a imagem que o locutor tem da imagem que o interlocutor tem do objeto ali, e assim por diante.

Tendo esse complexo quadro diante de nós, é oportuno, para concluir, fazer algumas observações. O fato de as matrizes discursivas que circulam em um contexto social qualquer serem heterogêneas e nunca inteiramente coincidentes (embora haja aproximações, sobreposições e intersecções) reforça o argumento anterior de que a ética dos profissionais com que atuamos exatamente no interior desse caldo discursivo tem de ter, como requisito mínimo, uma grande sensibilidade para os outros.

Os gregos antigos, de certa forma, já nos alertavam para isso. Eles inventaram o modo lógico-gramatical de estudar a linguagem; mas inventaram também o modo retórico, ou seja, o estudo da linguagem como prática social, como funcionando em meio às relações sociais. Aristóteles, em sua *Arte retórica* (1979), tratando de uma prática de linguagem específica (de como obter a adesão da audiência), apontava três elementos importantes aqui relacionados: elementos que ele chamava de *éthos* (ou seja, elementos que decorrem da imagem social do locutor), aqueles que ele chamava de *lógos* (decorrentes de propriedades do objeto) e aqueles que ele designava de *páthos* (os que decorrem dos sentimentos da audiência).

Se tenho uma imagem pública positiva, então o que digo tende a ter mais força de convencimento do que se tenho uma imagem negativa; propriedades que posso apresentar do objeto podem ser mais ou menos convincentes. Mas tudo isso pouco vale se não tenho sensibilidade para perceber os outros (suas atitudes, crenças, seus valores, sonhos, desejos).

Um exemplo bastante interessante da riqueza heurística desse quadro conceitual para a análise de uma situação contemporânea, que envolveu questões éticas bem concretas, pode ser a primeira campanha do Ministério da Saúde da Grã-Bretanha, na década de 1980, de prevenção da AIDS (Atkinson; Middlehurst, 1995).

O *éthos* do locutor era o do especialista (daquele que sabe) e da autoridade responsável pela Saúde Pública. Por isso, o modo de dizer era "técnico", "científico", "sério". Os interlocutores eram construídos discursivamente como aqueles que nada sabem e, portanto, nada têm a dizer. A AIDS era apresentada como doença de homossexuais, evitável por práticas sexuais "saudáveis", implicando nessa qualificação a apologia de um modelo único de prática sexual.

Essa campanha gerou uma pronta reação dos grupos mais expostos à AIDS e que, à época, começavam a constituir organizações não governamentais voltadas para essa questão. Essas organizações promoveram, então, uma campanha alternativa, em que o locutor se construía discursivamente como aquele que tem, sim, o que dizer, por estar vivendo o problema por dentro e, portanto, se vê como corresponsável pela Saúde Pública. Dirigia-se a todos, e não apenas a eventuais grupos de risco, por considerar que era um problema de Saúde Pública a respeito do qual todos deveriam ser bem informados. Por isso, o modo de dizer era corriqueiro e bem-humorado: uma linguagem mais próxima da interação simétrica entre pares. E, finalmente, a AIDS era posta como uma questão complexa cuja prevenção não se resolveria por um dizer estigmatizante nem por um dizer que desconsiderava a diversidade das práticas sexuais.

Essa campanha, ao provocar o saudável debate público, implicou o necessário redesenho das campanhas seguintes do Ministério da Saúde da Grã-Bretanha, e exemplifica bem o que queríamos apresentar aqui.

Referências bibliográficas

ARISTÓTELES. *Arte Retórica e Arte Poética*. Rio de Janeiro: Edições de Ouro, 1979.

ATKINSON, K.; MIDDLEHURST, R. Representing AIDS: the textual politics of health discourse. In: ADAM, B.; ALLAN, S. (Ed.). *Theorizing culture*: an interdisciplinary critique after postmodernism. London: UCL Press, 1995. p. 113-128.

BAKHTIN, M. Toward a reworking of the Dostoevsky book. In: _____. *Problems of Dostoevsky's Poetics*. Minneapolis: University of Minnesota Press, 1994. p. 283-302.

BUBER, M. *Eu e tu*. São Paulo: Moraes, 1977.

BURKE, K. *The rhetoric of religion*. Berkeley: University of California Press, 1961.

DERRIDA, J. A solidariedade dos seres vivos. Entrevista com Jacques Derrida. *Folha de S.Paulo*, Mais!, p. 12-17, 27 mai. 2001.

FARACO, C. A. Linguagem e interação: balanço e perspectivas. *Calidoscópio*, v. 3, n. 3, p. 214-221, set.-dez. 2005.

LÉVINAS, E. *Entre nós*: ensaios sobre a alteridade. Petrópolis: Vozes, 1997.

Silêncio... Hospital – Hospital: silêncio[1]

Vânia Regina Mercer

Que rumor era
esse? barulho
que de tão oculto
só o olfato
o escuta?
(Ferreira Gullar)

Escutar o silêncio

Se percorrermos a história dos povos, das artes, da medicina, quem sabe com Foucault, encontraremos as mais diversas imagens desses lugares chamados hospitais. Na linguagem dos sinais, podemos reconhecê-los como lugar a ser respeitado: por exemplo, por meio das placas de trânsito, que interditam o buzinar nas regiões próximas a esses recintos de tratamento de saúde ou repouso. Dos corredores desses lugares, os antigos pacientes, seus acompanhantes e seus visitantes, devem-se lembrar da figura feminina, em seu uniforme de enfermeira, com olhar delicado e um dedo sobre os lábios, que, na nossa cultura, indica um pedido de silêncio, em respeito ao processo de tratamento ou recuperação pelo qual passam as pessoas que ali estão hospedadas, internadas.

Hospedaria, hospedar, hospitalidade... palavras que nos podem suscitar boas e belas fantasias, sonhos, lembranças, desventuras, imprevistos, novas relações, reencontros. Como provocação, faço alusão aqui a Derrida, que nos fala do estrangeiro e do hóspede e escreveu que "um ato de hospitalidade só pode ser poético" (2003, p. 4).

---

[1] Este trabalho foi apresentado no *XVIII Congresso da Abenepi, XV Congresso da Flapia e I Jornada de Saúde Mental da Sociedade Paranaense de Pediatria: O futuro de uma geração. Multidisciplinaridade e avanços no atendimento da criança, do adolescente e da família.* Curitiba, 25 a 28 maio 2005. Vale observar que outros estudos já foram intitulados "Hospital-Silêncio", como RENAULT, J. *Hôpital Silence: histoire d'une mort banale.* Les Lettres Libres.

As imagens das últimas décadas começaram a transformar os sinais. A figura feminina permaneceu em muitas paredes, mas os espaços passaram a ser ruidosos, feios, pouco acolhedores. Os profissionais manifestam sempre muita pressa, já não olham para as pessoas pelas quais passam. Com o tempo, esses lugares foram transformando-se em salões ou salas e parecem mais com escritórios administrativos ou, como diz Charentenay (2002), tomando a forma de "Hospital-Usina" – definição do lugar onde pacientes e equipe se tornam vítimas da economia e do rendimento.

No relato de alguns doentes, eles não se queixam dos enfermeiros ou dos atendentes, pois estes fazem um trabalho difícil de acompanhante e não os reduzem a objetos a cuidar. Os pacientes sabem que são chamados por números porque a rotatividade dos leitos é muito grande, às vezes eles recebem indicativos curtos (sigla do diagnóstico), ou são nomeados pelo espaço clínico que ocupam.

Em "Hospital-Usina", o autor diz que é óbvio cuidar para não cometer erros; tudo é previsto para que erros não aconteçam: as informações técnicas são transmitidas, as consígnias são bem seguidas, as precauções contra os acidentes pós-operatórios são aplicadas ao pé da letra. Os resultados são admiráveis. A técnica está afinada. Não se perde mais tempo, os dias de hospitalização são reduzidos e as taxas de sucesso aumentam. Os acidentes operatórios são mínimos. O "Hospital-Usina" é um sucesso quanto aos resultados. Resta saber se ele responde às demandas de "como realizar".

Com frequência os doentes não têm coragem de se dirigir aos médicos ou às enfermeiras. Nos relatos, observa-se que os escolhidos para interlocutores são aqueles que executam tarefas mais simples e estão física ou geograficamente próximos dos doentes. Esse dado anuncia que é necessário oferecer formação e suporte psicológico aos atendentes, aos funcionários da limpeza, pois é com eles, os que também não têm poder e palavra, que ocorrem a identificação e a comunicação que contribuirão para amenizar o sofrimento gerado durante o tratamento.

Trata-se de uma proposta dos países do Primeiro Mundo. Aqui no Brasil, poderíamos alegar escassez de recursos econômicos ou pouco investimento na formação das equipes de saúde. Isso seria cômodo por deslocar o problema da perda do humano.

Mas muitas vezes acompanhamos notícias sobre desvios de recursos, enriquecimento de certos serviços e, sobretudo, sabemos que as empresas exigem que se economize no tempo de trabalho, mediante escalas abusivas e quadros reduzidos nos plantões.

Silêncio... Hospital – Hospital: silêncio

E vale ainda observar que esses profissionais trabalham em vários locais, não usufruem de suas "folgas", não motivados por voracidade, mas visando à sobrevivência pessoal e familiar. Procedimentos especializados são fracionados, com vistas a uma maior rotatividade no uso das máquinas e dos aparelhos. O paciente acaba por se sentir desorientado e não sabe quem lhe faz o quê. Desconhece a quem se dirigir. A multiplicidade dos atos que o cindem não lhe dá integridade física e moral como sujeito. Alguns profissionais talvez não tenham boa vontade, mas muitos têm o dom do cuidado e, frequentemente, embora desrespeitados e exauridos, ainda mantêm uma relação humana que visa ao conforto do sujeito doente.

O ser humano é vulnerável, e o ser humano debilitado pelo sofrimento físico ou moral tem esse traço exacerbado. Mesmo assim, alguns são capazes de compreender a vulnerabilidade do profissional, que também está fragilizado em sua condição de cuidador, pelos constrangimentos que lhe são impostos e que dificultam o digno exercício de suas funções.

A história do médico confunde-se com a história da própria medicina. Segundo Lebrun (1995), ao longo de seus estudos, o médico foi preparado para responder com a técnica à demanda do paciente: é assim que ele é levado a destruir a dimensão do desejo e enviá-la para a dimensão da necessidade. O estudante foi convidado a substituir por respostas prontas a singularidade de um questionamento, a relegar às entrelinhas tudo que não entra na categoria da lógica médico-científica, a descarregar sobre Deus ou qualquer outro suas frustrações em vez de ocupar seu tempo com o doente ou simplesmente escutá-lo. Todas essas atitudes reflexas foram tomadas no curso de seus estudos, que darão ao futuro médico a garantia de estar à altura de sua função, inteiramente devotado à causa de uma prática tecida pelos meios da ciência e podendo abster-se de pensar que é a um sujeito que ele se dirige.

Gilberto Dimenstein (2005) apresenta em um artigo a discussão sobre a possibilidade de submeter os médicos recém-formados a um exame que os autorizasse a atuar, usando como referência a palavra de dois renomados profissionais da medicina brasileira, visando melhorar a qualidade da formação pela redução do número de cursos médicos ou pela instituição um exame como o da Ordem dos Advogados do Brasil (OAB).

Discussões e reflexões como essas permeiam a vida do cidadão brasileiro, que se depara com inúmeras dificuldades quando tem de recorrer aos serviços de saúde. Esse tema está ilustrado na reflexão apresentada em minha dissertação de mestrado

(Mercer, 1999), na qual constam artigos como "Queixa atinge médico 'de griffe'" (Folha de S. Paulo, 1996) e outros.

> O sofrimento e o anúncio de uma doença letal são alvo de interpretações selvagens, para o próprio sujeito, que se atribui as causas ou tenta projetá-las num Outro, ao qual atribui uma potência ameaçadora. Quaisquer que sejam as explicações e informações fornecidas pela racionalidade médica, para o paciente é preciso que haja uma culpa, da qual a doença será a sanção e a punição [...] Atualmente a medicina se encontra diante de numerosos problemas éticos que constrangem os médicos a relutar com as casuísticas [...] (Gori, 2004, p. 36-37)

Linguagem não é somente a palavra

> (...) que silêncio
> era esse
> tão gritado
> de vozes
> (Ferreira Gullar)

O hospital, lugar tradicional de acolhimento, deixa dúvidas e lamentos quanto à sua função de hospitalidade na medida em que é referido por critérios contábeis em detrimento das necessidades humanas que ali circulam, sejam elas pessoas doentes ou "cuidadores"[2]. Onde estaria o poético dessa hospedaria? Ou aqui a etimologia estaria mais próxima da noção de hostil, de inimigo? Outra acepção possível do latim *hostis*, que também significa "hóspede".

As manifestações paralinguísticas, os cinco sentidos, que no *setting* psicanalítico não são privilegiadas, embora algumas vezes sejam reconhecidas como "atos analíticos", precisam ser extremamente consideradas no espaço hospitalar. Jünger (1975) nos diz que esse tema não precisa de justificativas, pois é evidente que entre a linguagem e o corpo deve existir uma multidão de relações. Ele constrói uma analogia interessante:

---

[2] Na literatura francesa dedicada a essa área, é uso corrente o par de termos *soignant-soigné*, ao qual faço corresponder cuidador-cuidado. Além disso, em alguns congressos de psiquiatria e em trabalhos relacionados a educadores, têm sido frequentes expressões como "cuidando dos cuidadores", o que reforça a opção por cuidador, cujo correlato seria cuidado. A esse respeito, ver Mercer (1999).

Silêncio... Hospital – Hospital: silêncio

> [...] nós não pensamos só porque somos, mas pensamos também como nós somos. No contexto hospitalar, como o sujeito tem seu corpo invadido por uma doença e procedimentos, quem será que o doente ainda pensa ser, qual será sua identidade? Nesses espaços, a escuta, a visão, o toque, o paladar e o olfato, a parte superior e inferior, as mãos, a cabeça e os pés. Sentado, em pé e deitado [...]

São posições que o doente já não domina e que merecem atenção.

Na doença, é preciso respeitar o corpo. Os profissionais que acompanham os doentes podem ser formados para cuidar do conforto desses corpos e, ao oferecer esses cuidados, estabelecer uma relação, algumas vezes não verbal, mas que instale o humano e a vida. Aquele que já não domina seus movimentos e percebe que alguém ajeita o seu travesseiro ou arruma a sua coberta sente-se respeitado e acolhido. A mão que alivia mostra ao outro que ele é uma pessoa. O sujeito *está* doente, não *é* a doença.

Apresento o relato de um amigo sobre sua relação dialógica com os sinais que o levam a construir uma solução imaginária para si: "A cena dos funcionários da equipe saindo da UTI e dizendo 'tchau' mostrou-me que por ali havia uma saída, e tive a ideia de programar a minha fuga vestido de enfermeiro". Simplesmente se esquece de sua fragilidade física e de que está entubado, o que inviabilizaria o seu projeto. Mas esse sonho animava sua estada, sonho que Darci Ribeiro conseguiu realizar com a ajuda de um amigo quando esteve em situação semelhante.

A fuga para o simbólico é mais frutífera do que aquela para o imaginário. Isso remete ao pensamento de Bakhtin, para quem o compreender não é um ato passivo, um mero reconhecimento, mas uma réplica ativa, uma resposta, uma tomada de posição diante do texto. É que, para ele, todo e qualquer enunciado é dialógico: responde ao dito e, no mesmo ato, solicita uma resposta. Assim, em sua filosofia, as ciências naturais constituem uma forma de saber monológico (em que a relação de conhecimento se dá entre um sujeito e um objeto mudo); e as ciências humanas, uma forma de saber dialógico (em que a relação de conhecimento se dá entre dois sujeitos). Nelas, o intelecto está diante de textos que não são coisas mudas, mas a expressão de um sujeito – entendendo-se que textos constituem conjuntos de signos verbais ou não, produtos de um sujeito social e historicamente localizado. E diz Bakhtin:

> [...] uma abordagem dialógica é possível na relação a qualquer parte significante de um enunciado mesmo em relação a uma só palavra, caso aquela palavra seja percebida não como uma palavra impessoal da língua, mas como um signo da posição semântica de um outro alguém, como o representante do enunciado de outra pessoa; isto é, se ouvirmos nela a voz de outro alguém. (2002, p. 184)

Nessa perspectiva, o pior que pode acontecer é o sujeito humano ser transformado em um objeto mudo.

Outros pacientes diante de sinais ou desconfiança de um diagnóstico mais grave (sintomas, história familiar, informações técnicas) podem encontrar dificuldade de comunicação durante a consulta médica ou na relação com pessoas das equipes de exames. Palavras não são ouvidas, queixas não são formuladas, sintomas não são explicitados, pequenos sinais (gestos, mímica facial, olhar) são percebidos, valorizados, reconhecidos ou denegados. Poderíamos, quem sabe, aqui lembrar a ideia freudiana do estranho (Freud, 1969) ou do duplo.

Nessas situações, seria possível aventar a hipótese de que, embora na relação entre médico (ou equipe) e paciente a comunicação seja dual e a transferência ocorra em um nível que exclui o sujeito do inconsciente (aquele que caracteriza a relação transferencial na relação analítica), o duplo, o estranho representando a morte, manifestando o inominável, venha a dar outras características para essa relação. Freud cita o comentário de Schelling de que:

> [...] "dificilmente existe outra questão, no entanto, em que nossas ideias e sentimentos tenham mudado tão pouco desde os primórdios dos tempos, e na qual formas rejeitadas tenham sido tão completamente preservadas sob escasso disfarce, como a nossa relação com a morte". (1969)

Diz Clavreul (1983) que o médico se sente autorizado a ignorar o ponto de vista do paciente, "o desejo do médico se desenha sobre o fundo de exclusão do desejo que o discurso médico instaura", e afirma que o objeto da medicina é a doença. Mas vale lembrar aqui a proposição de Bichat: "não existe doença sem sede" (*apud* Tubiana, 1995, p. 184).

Ilustro essa reflexão com uma citação das cartas de um menino de dez anos dirigidas a Deus (Schmitt, 2002). Em uma delas explica que mora no hospital em função de seu câncer, o câncer é em seu corpo. Escreve que o hospital é um lugar simpático, desde que você seja um daqueles doentes que proporcionam prazer à equipe. Passa, então, a contar que esse não é seu caso. Submeteu-se a um transplante de medula óssea, e depois disso sabe que não é mais um daqueles pacientes.

> Quando o dr. Dusseldorf me examina, pela manhã, seu coração não esta mais presente, eu o decepciono. Ele me olha sem nada dizer, como se eu tivesse cometido um erro. Entretanto, eu me dediquei inteiramente à minha cirurgia; fui bem comportado, me deixei adormecer, tive dores sem gritar, tomei todos os medicamentos. Alguns dias minha vontade era de pular em seu pescoço, de lhe dizer que talvez fosse ele, o doutor Dusseldorf, com suas sobrancelhas negras, que tivesse fracassado na operação. Mas ele tem um ar tão infeliz que os insultos ficam colados à minha garganta. Quanto mais o doutor Dusseldorf se cala com o seu olhar desolado, mais eu me sinto culpado. Compreendi que me tornei um doente mau, um doente que impede que se acredite que a medicina é formidável. (Schmitt, 2002)

Retomo outro trecho de minha dissertação para retirar alguns elementos de reflexão relacionados à carga horária praticada nas UTI's, que eventualmente contam com profissionais titulares e número excessivo de pacientes por profissional.

Quando ouço as queixas sobre o que ocorre (ou melhor, não ocorre) em uma UTI, questiono a possibilidade física de os profissionais da saúde arcarem com suas tarefas e que, talvez, a necessária docilidade do corpo, para manter seus empregos, não permita sustentar a ética da relação. Impõe-se uma reflexão sobre a história das jornadas de trabalho na área de Saúde, problema que também existe em outras áreas, mas que aqui é duplamente preocupante. Para acompanhar o doente grave, exige-se maior disponibilidade e vigilância.

Foucault (1987), ao trabalhar a história da disciplina, dedica um capítulo aos corpos dóceis: a disciplina fabrica, assim, corpos submissos e exercitados, corpos "dóceis". A disciplina aumenta as forças do corpo (em termos econômicos de utilidade) e diminui essas mesmas forças (em termos políticos de obediência). Ela dissocia o poder do corpo; faz dele, por um lado, "aptidão", uma "capacidade" que ele procura aumentar, e inverte, por outro lado, a energia, a potência que poderia resultar disso, e faz dela uma relação de sujeição estrita.

A docilidade dos corpos vem desvelar a divisão do sujeito, aquela que a ciência nega, forclui e pode aparecer como sintoma.

Um amigo hospitalizado em estado muito grave em UTI durante semanas, ao se recuperar, comentou comigo:

> Muitas vezes eu os ouvia dizer que desse episódio eu não escaparia. Mas o que não esqueço, e que foi especial para mim naquele lugar, foi uma enfermeira que sempre, ao se aproximar, cumprimentava-me, dizia-me o dia do mês, da semana e a hora. Como você sabe, lá está sempre tudo aceso, e não temos sinais se é noite ou dia. Essa era a voz que me fazia sentir vivo.

Era a voz que o situava no tempo e no espaço, conceitos que nos situam na historicidade de nossas vidas. Noções básicas, sem custo, mas reflexo da humanidade daquele que cuida.

Hospital-doente

> Amanhã que é dia dos mortos
> Vai ao cemitério. Vai
> E procura entre as sepulturas
> A sepultura de meu pai.
>
> Leva três rosas bem bonitas.
> Ajoelha e reza uma oração.
> Não pelo pai, mas pelo filho:
> O filho tem mais precisão.
> (Manuel Bandeira, "Poema de finados")

Por eleger o tema das perdas, dos lutos, como ponto de ancoragem de minha clínica, frequentemente coloco-me à disposição ou sou solicitada a estar próxima de pessoas amigas ou conhecidas quando vivem situações-limite.

Relato aqui o depoimento de três irmãs que sofreram a perda do pai. Uma das filhas escreveu o texto para apresentar aos proprietários do hospital e do laboratório responsáveis pela transfusão de sangue de tipo sanguíneo não compatível com o de seu pai.

Na dor dessa família podemos reconhecer as consequências nefastas para o processo de dor e elaboração do luto, no "Hospital-Silêncio". Após solicitarem durante três meses um encontro, somente após ameaças dirigidas aos proprietários elas foram recebidas. A falha foi reconhecida, mas há dois anos a família sofre a dor do abandono, manifesto, novamente, pela persistência do silêncio, vivido como agressivo e forma de descaso para com a dor de sua mãe, de sua família, pela interrupção do convívio por erro humano.

O "velho" que partiu me era pessoa querida. Solidarizo-me com essa família e faço deste texto sua voz e a de outras famílias que não têm recursos subjetivos, econômicos ou poder para se fazer ouvir.

A divulgação do depoimento não visa à indenização financeira, prevista em lei, e que deve correr em outra instância, ainda que saibamos que jamais reporá o valor de uma vida, de um pai, de um companheiro. Pretende apenas divulgar a noção de que as pessoas precisam ser ouvidas, e a equipe, respeitada.

As falhas do "Hospital-Usina" não devem recair sobre o mais fraco, o atendente que praticou o ato, sem que lhe tenham sido dados recursos de tempo, respeito e formação (Javorski, p. 5, 2004) para que atuasse corretamente.

Mais que uma queixa ou um lamento, é um grito de alerta! Quem grita às vezes é o doente, às vezes o familiar, ou acompanhante, e muitas vezes quem não grita é a equipe, que, em um mecanismo de defesa coletivo, segundo Dejours (1999), torna-se cada vez mais fria, parte do maquinário dessa "usina", e não mais *hostess* de uma hospedaria, da antiga hospedaria. O medo dos processos judiciais[3] muitas vezes é

---

[3] Segundo Neri (2006), "Um estabelecimento hospitalar é um fornecedor de serviços – serviços de saúde médico-hospitalares – e está, portanto, sujeito às Normas do Código de Defesa do Consumidor – CDC (Lei n. 8.078, de 11 de setembro de 1990) e do Código Civil Brasileiro, no que couber, além de outras normas legais de nosso ordenamento jurídico, quer no que tange ao atendimento de pacientes internados nas suas dependências, quer no que se refere à prestação de serviços aos pacientes que procurem atendimento ambulatorial (pacientes externos) em caráter eletivo, de urgência ou emergência. A relação jurídica dos hospitais brasileiros é contratual. [...] Conceitualmente, na teoria da responsabilidade objetiva não há que se falar em culpa, basta o dano e o nexo causal (relação de causa e efeito) para ser responsabilizado civilmente e o agente, no caso o hospital, causador do dano. [...] A responsabilidade dos médicos é contratual e como os médicos executam procedimentos no ambiente hospitalar – hoje em dia já se caracterizando o atendimento no hospital como uma atividade multiprofissional – além deste contrato entre o médico e o paciente, surge também um contrato, mais amplo, já que não se restringe aos cuidados médicos, entre o hospital e o paciente, que traz como consequência poder ser responsabilizado em caso de dano a um paciente. Este contrato amplo do hospital com o paciente abarca também as atividades complementares ao atendimento do paciente, entre elas enfermagem, serviço de controle de infecção hospitalar, limpeza, recepção, transporte e serviços complementares de diagnóstico e tratamento (laboratório, radiologia, hemoterapia, fisioterapia, nutrição). Entre o paciente e o hospital se estabelece uma legítima relação de consumo, com todas as suas características e implicações legais daí decorrentes".

um agravante na adoção de uma atitude defensiva, patrocinada e de interesse das companhias seguradoras.

O sujeito doente

> (...) a não ser o ressoar
> de uma imprecisa voz
> Que não quer se apagar
> – essa voz somos nós (...)
> (Ferreira Gullar)

Meu Pai

Casado, pai de quatro filhos, avô de dez netos, bisavô de duas bisnetas, respeitado chefe de seu clã. Homem íntegro, herói anônimo, bravo, guerreiro. Ser humano digno, um nobre, o mundo está definitivamente em débito com você...

... Não posso calar, eu quero que o mundo saiba, que te conheça, para que outras pessoas possam ter, como eu, alguém para lhes servir de guia, para lhes conduzir sempre em busca da essência da vida, do verdadeiro, da humanidade no homem, do amor... Homem incapaz de utilizar subterfúgios para atingir seus objetivos, dono de transparência ofuscante, muitas vezes assustadora, foi uma destas poucas pessoas capazes de viver inteiramente de acordo com suas mais íntimas convicções...

Amante de sua especialidade, a Química, a ela se dedicou com afinco e responsabilidade, e dela adquiriu a mania quase obsessiva por rótulos[4] corretos em todos os vasilhames e tampa certa no vasilhame certo, já, talvez, prevendo que uma falha neste procedimento ser-lhe-ia fatal.

Apaixonado de sempre por sua esposinha, tinha em nossa família seu maior tesouro. A casa singela em que sempre residimos era para ele o melhor e o maior castelo do mundo. Fazia de cada refeição uma festa, éramos por ele recebidos com honras de reis e rainhas. Ganhou dinheiro, gastou tudo conosco, nos auxiliou sempre a cada momento difícil de nossas vidas. Éramos seu orgulho, e ele o nosso. Era nossa sustentação, nosso chão.

Ele amava sua vida, sua esposinha, sua caminha quentinha, seu uísque barato, seu carro velho, seus amigos, que são muitos... Perdoava como ninguém, defendia

---
[4] Vale registrar que, no relato espontâneo, podemos encontrar similaridades com o que é descrito por Foucault em *Vigiar e punir*.

apaixonadamente suas posições, homem do tempo em que fio de bigode valia... Homem simples... Homem sábio... Este herói tombou, faltaram-lhe as forças e pela primeira vez em sua vida pediu sua ajuda, sua hospedagem e, tal como um hóspede em casa estranha, deixou para trás sua roupa, seu relógio, seu reino, chegou nu, humilde, e humildemente colocou-se à mercê de seu saber, à mercê da instituição que você legalmente representa e pela qual portanto se torna responsável.

Em nome desta instituição você ofereceu a meu pai sua hospedagem, sua ciência, sua ética, sua capacidade profissional. Você prometeu ministrar-lhe bálsamo para suas dores, alívio para seu sofrimento, mais que isso, você prometeu tratar com dignidade o homem de corpo e alma, a sagrada criatura deste planeta...

Ele acreditou, cumpriu sua parte do acordo, pagou o preço que lhe foi pedido, humildou-se e olhou para você, como tantas vezes eu olhei para ele, sabendo que sempre me protegeria, que sempre me amaria e que eu sempre seria a pessoa mais importante do mundo. Foi assim que ele olhou para você...

Em vez do bálsamo ele recebeu o veneno, ele sofreu muito, se debateu, agonizou, ainda no meio da noite quis voltar, mas não tinha volta, ele se foi, eu perdi, o mundo perdeu... Você estava lá e não foi acalentá-lo, não foi ao menos pedir-lhe desculpas...

Fez-se silêncio, a voz mais linda que já ouvi, os conselhos que gostava de receber, o riso alegre, a discussão inflamada do entardecer festivo, tudo se calou. Meu pai foi embora pela porta dos fundos de um hospital que não o amou, não olhou para ele, não cuidou dele.

Foi fatalidade? Talvez. Foi um erro? Com certeza. Um erro humano, sim, mas um erro que mata. Esse erro, fácil de ser evitado, vem matando a muitos seres igualmente guerreiros, e igualmente indefesos. E vai continuar a matar. Amanhã será outra fatalidade, outro herói sem nome, e mais outro...

Você se omitiu, seu hospital se omitiu, ninguém de sua casa foi se desculpar com ele, ninguém foi prestar-lhe as merecidas homenagens, não foi chorar ao lado da minha mãe que perdeu junto com ele o significado de sua própria existência.

A equipe médica prejudicada pelo procedimento errado, também se calou e prosseguiu como se nada importante tivesse ocorrido... Como, meu senhor, se sente o médico que, lutando para salvar uma vida, a própria razão de ser de sua profissão, e, ao prescrever a transfusão, acaba prescrevendo o erro, a morte...? Como fica o coração do homem que vê seu herói partir e ainda assim sente a necessidade de se calar? A este homem sua instituição deve desculpas... Um perdeu a vida, o outro, a confiança... Ambos foram esquecidos...

Ainda assim, apesar da gravidade da situação ninguém nos dirigiu a palavra. Não... sua casa estava ocupada em pretensamente salvaguardar a onipotência de sua ciência, a frágil credibilidade de sua instituição, e praticou o avesso da moral, da honra...

Queremos que este erro seja punido, queremos que nosso pai seja homenageado, queremos que vocês se desculpem com a nossa mãe, mas, mais do que qualquer coisa, queremos que vocês conheçam o herói que fizeram tombar, que ouçam sua voz, que possam aprender com ele e devolver à vida sua sacralidade, sua nobreza. Queremos que ouçam retumbar no universo o espanto, a indignação pelo descaso com que tratam àqueles que hospedam, aqueles que juraram solenemente curar, já sabendo de antemão que nada se compara à magnitude de um único olhar de nosso pai.

E. e Irmãs

Terceirizando a escuta

Theodor Reik escreveu o livro *Écouter avec la troisième oreille* (Escutar com a terceira orelha), no qual alerta aos psicanalistas que é preciso ouvir o que está nas entrelinhas, entre um suspiro e outro. O médico brasileiro, hoje, por sentir-se mal pago, às vezes pede ao recém-formado que escute seu paciente. A escuta e a palavra, que este trabalho privilegia, passam a ser terceirizadas como qualquer produto. O serviço médico com honorários sucateados tem por consequência que o profissional projete a perversão da qual é vítima, sucateando o atendimento ao doente.

A formação médica nem sempre oferece reflexões como as de Foucault, discutidas por Birman (2000): "[...] A crença de que poderia existir um saber sobre o particular e não apenas sobre o universal. A clínica seria singularizante nas suas operações diagnóstica e terapêutica, sendo justamente essa singularidade o que caracterizaria o ato clínico propriamente dito". O silêncio vivido como descaso pode instalar quadros depressivos que, certamente, vão onerar o sistema de saúde. Por que, então, não investir nessa singularidade do ato clínico que pressupõe interação entre a equipe de saúde, o paciente e a família?

Referências bibliográficas

BAKHTIN, M. *Problemas da poética de Dostoiévski*. Rio de Janeiro: Forense Universitária, 3. ed., 2002. p. 184.

BIRMAN, J. *Entre cuidado e saber de si* – Sobre Foucault e a psicanálise. Rio de Janeiro: Relume Dumará, 2000.

CHARENTENAY, P. S. J. L'hôpital-usine. *Études*, n. 397, p. 373-376, oct. 2002.

CLAVREUL, J. *A ordem médica*: poder e impotência do discurso médico. São Paulo: Brasiliense, 1983.

DEJOURS, C. *Repressão e psicossomática*: pesquisas psicanalíticas sobre o corpo. Rio de Janeiro: Jorge Zahar, 1997.

_____. *A banalização da injustiça social*. Rio de Janeiro: Fundação Getúlio Vargas, 1999.

DERRIDA, J. *Anne Dufourmantelle convida Jacques Derrida a falar da hospitalidade*. São Paulo: Escuta, 2003

DIMENSTEIN, G. Doença de médico é contagiosa. *Folha de S. Paulo*, Caderno 3, p. 3, 18 out. 1998.

_____. Diploma de luxo. *Folha de S. Paulo*, Caderno C, p. 12, 22 mai. 2005.

FOLHA DE S. PAULO. Médico é mal pago e estressado. *Folha S. Paulo*, Cotidiano, p. 3, 6 out. 1996.

_____. Queixa atinge médico de "griffe". *Folha S. Paulo*, Cotidiano, p. 3, 6 out. 1996.

FOUCAULT, M. *Vigiar e punir*. Petrópolis: Vozes, 1987.

FREUD, S. O estranho. In: _____. *Pequena coleção das obras de Freud.*. Rio de Janeiro: Imago, 1969. v. 27.

GORI, R. Variations sur la faute, la culpabilité et la responsabilité. *Ètudes Freudiennes*, hors série, p. 31-53, 2004. 6ème Colloque de Médecine et Psychanalyse, 2004.

JAVORSKI, J. Hospital rompe com o SUS e demite 320. *Gazeta do Povo*. Curitiba, p. 5, 7 mai. 2004.

JÜNGER, E. *Le contemplateur solitaire*. Paris: Grasset & Fassquelle, 1975.

_____. *O coração aventuroso*. Lisboa: Cotovia, 1991.

LEBRUN, J. P. *De la maladie médicale*. Bruxelles: De Boeck-Wesmael, 1995.

MERCER, V. R. *A Ausência de sujeitos na relação cuidador-cuidado*: uma reflexão psicanalítica sobre o lugar da escuta do doente grave nos currículos para profissionais de saúde. Dissertação (Mestrado em Educação). Programa de Pós-Graduação em Educação, Universidade Federal do Paraná, Curitiba, 1999.

NERI, T. S. *Erro médico e Hospital* – Direito Civil. Campinas: LZN, 2006.

REIK, T. *Écouter avec la troisième oreille*. Paris: EPI éditeur, 1976.

ROMANE, A. *Anne Dufourmantelle convida Jacques Derrida a falar da hospitalidade*. São Paulo: Escuta, 2003.

SCHMITT, E. *Oscar et la dame rose*. Paris: Albin Michel S.A., 2002.

TUBIANA, M. *Histoire de la pensée médicale*. Les chemins d'Esculape. Paris: Flammarion, 1995.

Ações sistêmicas no hospital: a saúde e a doença construindo redes de convivências

Tânia Madureira Dallalana
"A ciência, assim como a arte, a religião, o comércio,
a guerra e até o dormir, baseia-se em pressupostos"
Gregory Bateson

Pensamento Sistêmico Cibernético: o início da transição

Durante quase 350 anos, a observação e compreensão da realidade sobre os fenômenos humanos foi objetivada pela constatação compartimentada de elementos; a metáfora em torno dessa metodologia é a transformação da experiência humana em pedaços de pequenas máquinas vagando pelo mundo.

> A epistemologia tradicional considera que a realidade existe independentemente de quem a observa. O pensamento científico se baseia nesta premissa ao considerar que a objetividade na ciência é fundamental e, portanto, as propriedades do observador não devem estar vinculadas à descrição de suas observações. (Jutorán, 1994, p.19)

O adestramento causado pela adoção do modelo cartesiano estendeu-se por todas as áreas da ciência, ultrapassando as fronteiras da academia e fazendo com que as pessoas, em seu dia a dia, vivessem mediadas por esta perspectiva as definições de suas relações e crenças.

Nós, profissionais da área da saúde, cada um em seu espaço teórico e prático, fomos adotando em excesso, como lente de definição para compreensão do sofrimento biológico-psicológico-social, esse paradigma causal. E foi, então, para servir aos propósitos dos observadores que o definiam e alimentavam, que essa ciência, distanciada das histórias do dia a dia das pessoas e de seu ambiente, foi sendo construída.

Esse ambiente, produzido pelo método dualístico supervalorizado pela ciência, é que provocou o desenvolvimento de um novo paradigma, uma nova possibilidade de olhar os fenômenos da vida, mais em ação de integração e inter-relação com os múltiplos elementos que a compõem.

A construção novo-paradigmática da pós-modernidade, à qual o pensamento sistêmico pertence, acontece como uma informação de ruptura devido à insistente aplicação do modelo de causa-efeito em todas as áreas do conhecimento científico, levando esse modelo linear a sofrer um processo de saturação, causado pela obstinação de seus próprios seguidores.

É a ciência e todos nós que estamos sendo questionados sobre nossa maneira de conduzir o pensamento. As ações no hospital, conduzidas pela teoria sistêmica, e as concepções de Morin (In: Vega-Pena, 1973; 1999), Maturana (1997; 2001), Bateson (1993) e Bertallanfy (1968) fazem parte desse novo campo da ciência.

Compreendendo a família, as pessoas, os problemas, a equipe de saúde e a instituição hospitalar como contextos subjetivos interagindo em uma situação extremamente única, cada um desses elementos, com suas dinâmicas particulares, com singularidades que muitas vezes os tornam antagônicos.

O pensamento sistêmico oferece um modo de olhar o mundo em termos de uma organização da experiência que se origina das inter-relações produzidas dentro de contextos significativos, fazendo, dessa forma, com que a construção da realidade aconteça em coerência e congruência às particularidades de cada situação vivida.

Surge para dar voz a uma reflexão sobre a compreensão do que faz sentido no tempo do sofrimento, de forma mais integrada com todos os elementos que constituem essa experiência.

A construção de diálogos com inclusão de vários elementos formando uma composição subjetivada entre observador e os fenômenos observados propõe uma visão menos unilateral da realidade.

A frase de Bateson (1993) sobre o "padrão que conecta" define a compreensão sobre mudança, sobre transformação da ação, sobre os processos de interação nos múltiplos ambientes que frequentamos, famílias, pessoas, comunidades, culturas, enfermidades, profissões e religiões, produzindo inter-relações geradoras de diálogos mais competentes.

Podemos apreender sobre nossa condição humana vivendo com a diferença.

> Fomos adestrados para pensar em padrões (com exceção da música) como coisas fixas. Isso é mais cômodo e simples, mas necessita de sentido. Na verdade, começar a pensar sobre o padrão que conecta o correto seria considerá-lo primordialmente (qualquer que seja o significado desta palavra) como uma dança de partes interatuantes, e só secundariamente fixada por diversas classes de limites físicos e por limites impostos aos organismos por suas características. (Bateson, 1993, p. 23)

O conceito de complexidade, no sentido empregado por Morin (1999), faz uma aproximação do processo terapêutico à intenção de não exclusão e de se trabalhar levando-se em conta as diferenças contextuais e suas subjetividades constitutivas.

> O problema não é reduzir nem separar, mas diferenciar e juntar. O problema-chave é de um pensamento que una, por isso a palavra complexidade, a meu ver, é tão importante, já que *complexus* significa [...] o que é tecido junto [...]. O pensamento complexo é o pensamento que se esforça para unir, não na confusão, mas operando diferenciações. (Morin, in Vega-Pena, 1999, p. 33)

Significa trabalhar pelo princípio da inclusão, ou seja, todas as expressões humanas devem ser apreendidas por sua diversidade, nenhum elemento isolado tem a propriedade de definir ou de orientar ações que produzam um conhecimento aplicado de caráter generalista.

Incorporando as partes soltas ao todo complexo, temos que trabalhar, segundo Vasconcellos (1995), com complementaridade, para superarmos modos de pensamento disjuntivos. A questão não é a escolha da simplificação por acordos ou sínteses redutoras, e também não é criar estruturas teóricas que tentem dar conta sozinhas do evento complexo, mas sim produzir aprendizagem em contextos complexos.

A noção de contexto proposta por Bateson (1993) traz mais clareza tanto para a construção de uma teoria complexa quanto para a construção dessa prática.

Contextualizar é a ação que processa nossa compreensão dos fenômenos do mundo. "Toda a comunicação exige um contexto, sem contexto não existe significado, os contextos conferem significados porque existe uma classificação de contextos" (Bateson, 1993, p. 28).

Não somos descobridores de um mundo exterior a nós, mas construtores e atores da própria realidade. Todos e cada um de nós somos fundamentalmente responsáveis por nossas próprias compreensões.

> A conversa entre contextos, a competência, a valorização e a criatividade da experiência humana estão presentes durante os atendimentos multicontextualizados dentro do hospital, e, nesse momento, estamos fazendo conversações dialógicas, produzindo sentido nas linguagens construídas nesses momentos por movimentos recursivos, retroativos e geradores de consensos, gerando significados para as conversas entre as pessoas envolvidas nessa experiência inter-relacional única que ocorre dentro do hospital.

As inter-relações dentro do hospital produzem linguagens específicas ao seu contexto significativo muito próximas ao conceito de dialógica.

> O conceito moriniano de dialógica surge dessa problemática: da necessidade de unir aspectos até então considerados antagônicos. O caráter gerativo da contradição nos leva a níveis de complexidade maiores: a dialógica é uma proposta para dar conta da associação com quem é considerado como antagonista. Tudo tem um caráter dinâmico: a dialógica é um processo que se expressa na espiral retroativa-recursiva, uma espiral que, em seu percurso inacabado, vai transformando os termos que a compõem. A espiral é um processo explicativo. A explicação se dá num processo retroativo e recursivo que, em si mesmo, é gerador. (Morin, in Vega-Pena, 1999, p. 172)

Nesse sentido, construímos epistemologias em nossas conversações sobre saúde e doença acordadas em domínios pluricontextuais distintos: "A epistemologia não é, portanto, nem um mapa, descrição, teoria, modelo, paradigma, nem paradigma de paradigma. É um processo do conhecer, construir e manter um mundo de experiência" (Keeney, 1994, p. 39).

A decisão de se pensar e atuar dentro do hospital com base no pensamento sistêmico tem como consequência fundamental a perda das certezas e, consequentemente, a abertura para um posicionamento mais participativo e corresponsável no dia a dia, compreendendo a vida como um processo inter-relacional em um universo de infinitas possibilidades, que flexibiliza as paredes institucionais.

A atuação, sob este olhar novo-paradigmático, revigora e conecta conversas entre a equipe de saúde, as famílias, a sociedade e a comunidade, dando oportunidade para situações mais efetivas e afetivas de colaboração e cuidado, pautadas na consideração das diferenças e na inclusão dessas singularidades para a construção de intervenções mais congruentes com os problemas apresentados pelas pessoas e famílias e pelas equipes de saúde.

A enfermidade e a vida familiar

O desenvolvimento do ciclo vital familiar e pessoal, em suas inter-relações com as circunstâncias sociais, culturais, psicológicas, biológicas, religiosas, de gênero e geográficas, produz recursos para o enfrentamento de crises cujo objetivo é lidar com o problema da enfermidade protegendo o sistema de qualquer ameaça em suas dinâmicas interativas.

A leitura da dinâmica familiar no processo terapêutico sistêmico possibilita a compreensão dos fenômenos interacionais pela teoria da complexidade de Morin (1999), entendendo que existem vários acontecimentos significativos na vida familiar e individual que devem ser percebidos por um pensamento de diferenciação e união simultâneo.

A enfermidade faz parte de uma dessas interações familiares complexas, que mobiliza vários setores de nossa sociedade e cultura, e causa intensas transformações na vida familiar e individual e em toda a extensão de seu ciclo de vida.

> Na arena da doença física, particularmente a doença crônica, o foco de preocupação é o sistema criado pela interação de uma doença com um indivíduo, família ou outro sistema biopsicossocial. Do ponto de vista familiar, a teoria do sistema familiar tem que incluir o sistema da doença. Para colocar o desdobramento da doença crônica em um contexto desenvolvente, é crucial entender o entrelaçamento de três linhas evolutivas: a doença, o indivíduo e o ciclo de vida familiar, pensando de maneira interativa e sistêmica na interface destas três linhas. (Rolland, 1987, p. 143)

Uma doença séria acontece como um golpe na família e transforma-se em um ponto de referência, construindo ou revitalizando interações desse momento em diante.

Algumas doenças desmontam a previsibilidade da vida familiar e individual a médio e longo prazos.

As famílias que tiveram experiências com doenças e perdas em suas relações multigeracionais utilizam essas experiências como auxílio e guia.

Dessa forma, os clínicos e as famílias precisam de um diálogo emocionado para trabalhar com a dimensão temporal aplicada no desenvolvimento de qualquer doença, o que possibilita olhar para o futuro de maneira mais colaborativa, atualizando as ações desenvolvidas em outros momentos do ciclo vital da família.

A emoção é o território da ação sistêmica, porque produz movimento e sentido para que os profissionais de saúde, as famílias e as pessoas envolvidas nos processos de tratamento de enfermidades possam reconstruir seus diálogos e traduzir suas percepções através de marcos de sentido mais coerentes com suas histórias.

> Um esquema que conceitualize as doenças crônicas e sua pertinência às interações psicossociais é necessário, introduzindo no mundo biológico uma metalinguagem comum que transforme ou reclassifique o idioma biológico habitual. Doenças crônicas precisam, até certo ponto, ser reconceitualizadas, isso organizaria as semelhanças e diferenças do curso da enfermidade, de forma que o tipo e grau de demandas pertinentes para pesquisa de clínica psicossocial e prática são realçados de um modo mais útil. (Rolland, 1987, p. 145)

Rolland propõe, para esse planejamento, a necessidade de compreensão coevolutiva de três estruturas: a doença, a pessoa e os ciclos de vida. É preciso considerar as mudanças que ocorrem pela intercomunicação entre os ciclos de vida na vida familiar e pessoal.

Na compreensão sistêmica desse modelo, acontece uma interação entre as estruturas da doença, da pessoa e do ciclo vital familiar. Dois conceitos principais são importantes para uma compreensão mais objetiva dessa interação: ciclo de vida, já exposto anteriormente, e a estrutura de vida.

Por estrutura de vida, compreendem-se aqueles padrões subjacentes que são ensinados e formam a vida familiar das pessoas em qualquer ponto do ciclo vital. Seus componentes principais incluem: gênero, história familiar, relações amorosas, casamentos na família, as funções coordenadas pela família em várias situações sociais, as relações entre as pessoas e as relações das pessoas com elas mesmas, as ações de ajuda, religião e espiritualidade e os enfrentamentos vividos por todos durante a passagem dos anos.

A estrutura de vida está presente em todo o ciclo vital e atribui importância aos eventos significativos durante as mudanças exigidas em cada fase.

A questão principal é que existe a noção de desenvolvimento na sequência do ciclo de vida das pessoas, da família e da doença, com grande influência do contexto cultural, socioeconômico, de gênero, ético, de diversidade racial e comunitário.

Para pensar sistematicamente sobre a interface dessas três linhas de desenvolvimento, são necessárias uma linguagem comum e a organização de alguns conceitos a serem aplicados, tomando-as em consideração simultaneamente.

Dois passos principais fundamentam esse modelo: 1) a necessidade de uma ponte entre os mundos biomédico e psicossocial, de uma linguagem que possibilite que a doença crônica seja caracterizada em termos psicossocial e longitudinal, com cada uma dessas condições tendo características específicas e, durante o ciclo vital, aparecendo com demandas diferentes; 2) necessidade de se pensar de forma simultânea sobre o desenvolvimento familiar e individual. Adequa-se também a um trabalho preventivo, que ofereça um quadro de avaliação, ação conjunta e suporte para as equipes e famílias envolvidas com o problema da doença crônica.

Esse modelo é baseado na interação sistêmica entre família e doença durante todo o tempo. Uma boa relação entre as demandas da doença e o estilo familiar de funcionamento e capacitação de recursos da família são determinantes importantes para o sucesso ou a localização de recursos disfuncionais e dificuldades de adaptação. Aponta para o esquema de interface entre doença crônica e família e coloca que a variação das condições familiares inclui o ciclo de vida familiar e individual, a relação com o ciclo de vida e as fases da doença, legados multigeracionais referentes à doença e perda e ao sistema de crenças.

A experiência familiar referente a doenças e incapacidades é extremamente influenciada pela cultura dominante e pelo sistema de saúde afetado por essa cultura.

Nessas condições, a incidência das doenças, o curso das enfermidades, a questão da qualidade de vida e várias outras causas de sofrimento podem ser produzidos pela discriminação social. Em alguns grupos menos privilegiados, as doenças crônicas podem aparecer de forma mais prevalente, ocorrendo mais cedo e de maneira mais intensa, com um percurso mais difícil, devido a problemas com o atendimento na área da saúde, dificuldade socioeconômica, acesso limitado a tratamentos e falta de agenciamento nas políticas públicas.

Em face do avanço tecnológico, pode-se viver muito tempo com uma doença crônica, porém essa situação muitas vezes não é experimentada em camadas sociais mais carentes, afetando tanto a capacidade da família de organizar recursos para a sobrevivência em períodos prolongados de cuidados quanto o desenvolvimento pessoal de seus membros na relação, devido a todas as demandas produzidas pela doença crônica.

Existem ainda dificuldades em se integrar os trabalhos psicossociais com os serviços tradicionais de saúde.

Atualmente, muitas famílias podem organizar recursos na rede social para ajudar no cuidado das pessoas com problemas incapacitantes, porém nunca sem despender energia e esforço extremos, provocando alterações significativas no dia a dia familiar.

A flexibilidade familiar, no sentido de reorganização interna das funções e capacidade de usar recursos externos, é uma excelente característica.

Recaídas ou episódios agudos, como asma ou problemas de disco, são distinguidos por períodos de estabilidade e de reações agudas. As famílias podem voltar a períodos mais estáveis, porém o espectro da recaída sempre permanece. As recaídas exigem das famílias diferentes atitudes de enfrentamento para o processo de adaptação. A família é chamada para pôr ordem em períodos de exacerbação da crise provocada pela doença. A tensão no sistema familiar é causada pela frequência e transição entre os períodos de crise e normalidade e pela incerteza de quando vai ocorrer uma nova crise.

O resultado, nessas circunstâncias é o impacto psicossocial profundo que a doença crônica, fatal ou episódica, provoca no curso da vida. O fator mais crucial é quando a doença pode ser um sinal de fatalidade.

No *continuum* das doenças, existem as que não afetam demais o período da vida, no outro extremo, há as progressivas e fatais, e na área intermediária e de uma categoria mais imprevisível, aquelas que modificam as tarefas do ciclo de vida, além das com possibilidade de uma morte súbita.

A diferença maior entre essas três circunstâncias, para a família, é a experiência de perdas antecipatórias e os efeitos dessas circunstâncias durante a vida familiar.

A expectativa da perda futura pode provocar na família dificuldades no manejo e controle das perspectivas. A família está quase sempre lutando entre manter a intimidade e afastar o membro doente das ocorrências da vida familiar.

Reações emocionais variadas podem distrair a família em sua função de manutenção de ações para a resolução de problemas que manteriam a integridade familiar. A família, por anteceder a morte do membro doente, ou em virtude de suas respostas à situação da doença serem difíceis, pode gerar inter-relações difíceis e, com isso, retirar do membro doente do espaço de resolução de problemas e de responsabilidades antes obtidos.

O isolamento do membro doente acontece por essas situações, que, na maioria dos casos, estão relacionadas a uma falta de manejo da equipe ao informar à família sobre os gerenciamentos possíveis para o tratamento continuado da doença. Quando a perda é iminente ou certa, proporciona uma fertilidade de reações emocionais e de verbalizações familiares, podendo criar relações que variam entre superproteção, ganho secundário para o membro doente, visibilidade de conflitos não resolvidos, dificuldade de falar sobre a morte, despedidas, irritabilidade, intensificação de pedidos para manter o tratamento e obstinação pela vida mesmo que mantida por aparelhos.

Quando acontece a incapacidade, ela pode envolver prejuízo cognitivo, como a doença de Alzheimer; prejuízo sensorial, como a cegueira; prejuízo do movimento, como as paralisias; prejuízo na resistência, como as doenças cardíacas; mutilação, como a mastectomia, e condições associadas a estigmas sociais, como a AIDS. O tipo e o momento em que ocorre a doença incapacitante implicam diferenças significativas no grau de estresse familiar. A combinação de uma ou mais incapacidades exige da família uma reorganização intensa de funções.

Em algumas doenças, a incapacidade começa menos severa e pode piorar devagar, o que proporciona à família condições de organizar funções e, ao membro doente, participação no planejamento, de acordo com a combinação de tipos de começo da doença, curso, resultado, grau de incapacidade, similaridades e diferenças nos padrões psicossociais e suas demandas.

A questão das incertezas, para Rolland (1987), refere-se ao grau de previsibilidade e imprevisibilidade de cada doença, à especificidade de cada percurso e a quais serão seus desdobramentos. Todas essas dúvidas produzem na família, muitas vezes, inter-relações e construções de crenças ambíguas.

Para doenças com curso inesperado, como a esclerose múltipla, os recursos que a família pode desenvolver ou já tem e sua capacidade de adaptação, especialmente seus planos futuros, são atrasados, demoram para acontecer ou podem ser refeitos devido à ansiedade antecipatória e também à inconstância própria dos acontecimentos.

Famílias que podem construir perspectivas em longo prazo e conjuntamente trabalhar com a incerteza, sustentando a esperança, estão mais preparadas para evitar riscos de exaustão ou disfunção. A frequência, a complexidade e a eficácia do tratamento, todas as situações que envolvem o hospital e a causa nos cuidados do doente, e ainda a frequência e a intensidade dos sintomas são questões importantes, que diferem para cada doença, em termos de suas características, e devem ser consideradas por meio de uma perspectiva evolutiva e sistemicamente orientada.

Na maioria das discussões sobre recursos para lutar contra o câncer, manejo de incapacidade ou acordos com a maneira de situar a doença no cotidiano, aparece a compreensão da doença por meio de uma forma estática, e não a percepção da doença como um processo através do tempo, em toda sua expressão complexa.

O conceito de fase temporal para cada doença possibilita ao clínico e às famílias pensarem longitudinalmente e entenderem a doença crônica como um processo, com situações que transcorrem através do tempo, com limites esperados, transições e mudança de demandas.

Cada doença apresenta fases distintas, com demandas psicossociais e desenvolvimento de atitudes, preocupações e tarefas que exigem esforço e mudanças da família.

A transição clínica nas fases da doença que se referem aos períodos vividos em cada momento e suas consequências e circunstâncias são de extrema importância subjetiva.

Existem períodos em que a família reavalia sua competência em momentos anteriores à doença e em face de suas demandas na fase atual. Situações mal resolvidas durante a fase anterior podem criar obstáculos ou bloquear fases de transição.

Famílias e pessoas podem congelar-se em emoções construídas por relações insatisfatórias de sobrevivência.

Assim, os clínicos devem ter cuidado para não tornar patológico um padrão de relação normativo cultural. Uma família pode estar organizada para viver o dia a dia de uma situação crônica, porém pode ter dificuldades em suas habilidades de enfrentamento quando a doença entra em uma fase terminal. As habilidades em uma fase crônica, comparadas com as necessárias em fase terminal, podem gerar uma crise na relação familiar nesse momento.

A interação entre as fases de cada doença e sua tipologia proporciona a estrutura para a compreensão de um modelo psicossocial da doença crônica, podendo assemelhar-se às fases do desenvolvimento humano. Cada tipo de doença tem tarefas suplementares específicas.

Essa maneira de entender a doença crônica e o impacto na família por meio da escolha do modelo sistêmico produz implicações clínicas bastante úteis, pois facilita a compreensão e a abordagem de famílias com sérios problemas de saúde e as turbulências psicossociais que acompanham essas circunstâncias.

É preciso ter atenção para as seguintes questões relacionadas às características das enfermidades: aspecto no começo da doença, curso, resultados, consequências e incapacidade. Doenças agudas exigem um alto nível de adaptação, resolução de problemas, reorganizações de função e coesão balanceada. Nessas circunstâncias, ajudar as famílias a maximizar flexibilizações pode ser uma interação terapêutica importante para uma adaptação mais satisfatória.

Cada período de uma doença delineia um tipo característico de desenvolvimento psicossocial, cada fase tem o desenvolvimento de suas próprias habilidades. É importante para as famílias serem informadas de seus sucessos e saberem reconhecê-lo, para maximizar as sequências de adaptação contínua no dia a dia das doenças crônicas. A atenção ao período e às suas exigências ajuda os clínicos a acessarem a força familiar, suas competências e vulnerabilidades com relação às fases presente e futura da doença.

Essas ações clarificam o plano de tratamento, localizando características familiares relevantes para o tipo e a fase da doença e compartilhando as informações com a família. Ainda ajudam na construção de objetivos de uma forma realista, dando mais senso de poder para a família em sua jornada no cuidado com um membro com doença crônica, produzindo uma interação pedagógica junto à família sobre os sinais importantes da enfermidade e de reorientação dos objetivos no tratamento, se necessário.

Rolland (1987) orienta sobre as condições da família e os recursos que tem disponíveis, sobre a sua combinação com os pontos de transição do ciclo vital da doença, ajudando na abordagem e no planejamento econômicos em termos de prevenção.

Durante a vivência das famílias com a situação da doença, é extremamente importante levar em conta, segundo Rolland (1987), as crenças familiares sobre o significado da doença, o plano médico da família em situação de crise, sua capacidade na condução de tratamentos em casa, a comunicação familiar quando orientada para a doença, a resolução de problemas, a reorganização de função, o envolvimento emocional e suporte social e da rede e o uso, a viabilidade e a geração de novas possibilidades.

As fases de transição são as mais vulneráveis, pois estruturas prévias do ciclo de vida familiar, individual e da doença podem reapresentar-se sob a forma de novas tarefas desenvolvimentais, o que requer maior descontinuidade nas interações em vez de menores alterações. Geralmente, a doença e a incapacidade tendem a forçar o processo de desenvolvimento pessoal e familiar para a transição e o aumento de coesão.

Por exemplo, no período de educação das crianças: se uma doença acontece nessa fase, ou logo após essa fase, pode ocorrer um descarrilamento no curso natural do desenvolvimento familiar. Uma doença ou incapacidade em adultos jovens ou em fase da adolescência pode desenvolver relações de extrema dependência e voltar o ciclo familiar para a fase de cuidados da época da infância. A construção da autonomia e da independência corre perigo.

Os pais necessitam rever seus planos na esfera social para organizar sua atenção aos cuidados da pessoa doente e dos outros filhos que sofrem com as mudanças psíquicas, físicas e de suporte social e educacional. Como a doença acontece em determinados estágios do ciclo de vida, é provável que esse momento possa sofrer um prolongamento em sua manifestação. Quando a doença aparece em um dos pais, sua habilidade de permanência no curso de desenvolvimento de cuidado e interação com os filhos é severamente afetada.

Em uma situação mais séria, o impacto da doença é como a chegada de uma criança que tem necessidades especiais na família, e irá competir com as crianças presentes; essa situação pode causar alterações psicossociais bastante significativas, interferindo na obtenção de recursos para ajuda.

A doença captura o genitor doente, e a relação dele com as crianças torna-se comprometida. Em muitos dos casos, a família não possui recursos para funcionar simultaneamente com as demandas da doença e com os cuidados com as crianças.

Muitas vezes as crianças mais velhas são chamadas para dividir as responsabilidades com outros membros da família. Todas essas mudanças estruturais podem ser recursos familiares de suporte, e os clínicos precisam ter cuidado para não tornar essas interações patológicas.

Existe uma intensa interação entre as características das doenças, as circunstâncias em que elas aparecem no ciclo vital familiar e individual e as consequências, afetando a todos os envolvidos nesse contexto.

Em minha experiência atendendo a famílias com filhos em variadas fases do ciclo vital afetadas principalmente por doenças crônicas, como o câncer, por exemplo, as crianças e os adolescentes manifestam reações bastante variadas como resposta à situação que estão vivendo, podendo ocorrer comportamentos antissociais severos, principalmente nos adolescentes, na forma de picos reativos ou mais constantes; piora na performance escolar e reações de isolamento dos pares de amigos e membros da própria família. Também podem acontecer situações benéficas, como reorganização de funções entre irmãos, aumento da sensação de pertença e responsabilidade e reestruturação nas relações familiares para interações mais benéficas e gratificantes.

Quanto mais acompanho essas famílias, mais observo que a ajuda terapêutica está bastante orientada para a externalização da história das relações e liberação do fluxo emocional do desenvolvimento familiar e pessoal. É de dentro da história das interações familiares que surgem os recursos para a construção de habilidades de enfrentamento nesses períodos tão difíceis.

Qualificar e acompanhar as soluções encontradas pelas famílias é um dos grandes recursos terapêuticos para as ajudarmos com problemas de doença crônica, incapacitante ou fatal.

Proposta de expansão do atendimento às pessoas enfermas e com outros problemas e a seus familiares por meio do modelo sistêmico em contexto hospitalar

> "Tornar-se um ser humano consiste em participar de processos sociais compartilhados, nos quais emergem significados, coordenações e conflitos."
> Dora Schnitman

O trabalho com as famílias demanda uma visão complexa da condição humana e possibilita pensar ações terapêuticas mais coerentes com as histórias relatadas nas entrevistas ou encontros terapêuticos. O conceito de família adotado acompanha a coerência novo-paradigmática proposta:

> Eu entendo que a epistemologia da organização chamada "família" deva ser estreitamente ligada à teoria de Bateson de um "modelo através do tempo", entendo que os membros de uma família estabelecem suas relações através das gerações, e que estas relações são modelos específicos que identificam aquela família [...] se nós consideramos o tempo como um processo em evolução, os modelos são considerados para os membros da família como a soma do passado e do presente, e esta soma comporta uma posição específica e identificável em seu contexto social: nós somos, nós fizemos, nós mostramos, nós sentimos, nós sabemos etc. A continuação, a perseverança e a familiaridade dos modelos das famílias são as expectativas que as famílias nutrem sobre o seu futuro comum. (Bloch, 1983, p. 16)

A família, ao ingressar na instituição hospitalar, está em um processo de inter-relação com elementos estranhos a seu dia a dia. Imber-Black (1995) chama esses outros contextos que se relacionam com a família de "sistemas mais amplos que a família".

> Em geral entre estes sistemas mais amplos se encontram os sistemas compreendidos como o lugar de trabalho, no caso de algumas famílias, os órgãos de assistência social, os que se ocupam do bem-estar das crianças, os lares de adoção ou orfanatos, os tribunais, as clínicas de saúde mental, certos sistemas destinados a populações especiais, como as instituições que oferecem serviços para pessoas com incapacidades físicas ou mentais ou para idosos. (Imber-Black, 1995, p. 35)

A autora relata também que, para algumas famílias, existem relações com esses sistemas mais amplos que não geram nenhum problema, mas outras sofrem bastante, a ponto de terem seu ciclo vital prejudicado e suas competências desqualificadas de forma irreparável.

> Existem famílias e sistemas mais amplos que criam relações entre si muito difíceis, que prejudicam o desenvolvimento normativo dos membros da família e contribuem para o esgotamento ou para a geração de ceticismo entre as pessoas que trabalham nestes sistemas mais amplos. Também existem famílias que, devido à pobreza, a enfermidades crônicas e outras desvantagens, devem vincular-se mais regular e intensamente, ao longo de seu ciclo vital, com estes sistemas. (Imber-Black, 1995, p.35)

Essa observação chama a atenção para algumas ações estabelecidas pelo modelo biomédico, em que as regras e condutas na maioria dos serviços de saúde tendem a simplificar a experiência humana pela institucionalização de ações verticalizadas e unilaterais.

Construir espaços de convivência que gerem mais acordos, produzindo elementos significativos e subjetivos que organizem os diálogos, é a ideia central da prática sistêmica.

As categorias a seguir delineiam alguns instrumentos desse marco teórico que podem ajudar a prática de atendimento às famílias.

Contexto: sua importância para o trabalho em ação sistêmica dentro do hospital

O trabalho dentro do hospital tem como ponto principal de compreensão de seu desenvolvimento as inter-relações dentro de contextos e entre contextos carregados de significados.

Para definir a complexidade desse conceito e esclarecer a abrangência da noção de desenvolvimento de inter-relações entre pessoas dentro de contextos, faço referência à proposta de Bronfenbrenner (1994) sobre desenvolvimento por meio de uma perspectiva histórica:

> Ecologia do desenvolvimento humano envolve o estudo científico da acomodação progressiva, mútua entre um ser humano ativo, em desenvolvimento, e as propriedades mutantes dos ambientes imediatos em que a pessoa em desenvolvimento vive, conforme esse processo é afetado pelas relações entre esses ambientes e pelos contextos amplos em que os ambientes estão inseridos. (Bronfenbrenner, 1994, p. 18)

A compreensão sobre desenvolvimento em contexto é extremamente útil para a ação sistêmica, pois o espaço construído tem um meio ambiente extremamente dinâmico e interativo e é resultado de um evento intersubjetivo e inter-relacional de distinções de elementos significativos ao longo do tempo.

Utilizar as definições de Bronfenbrenner das estruturas de sistemas que se autoorganizam e têm características de encaixe e de interconexão entre si, com o objetivo de situar as características de morfogênese que cada contexto possui, facilita a relação de coconstrução entre a prática, a teoria e a pesquisa.

O microssistema é um padrão de atividades, papéis e relações interpessoais experienciados pela pessoa em desenvolvimento em um dado ambiente com características físicas e materiais específicas. Aqui se incluem as pessoas que compõem a equipe de saúde, seus papéis, funções, crenças, a localização da pessoa e da família em seus ciclos de vida de desenvolvimento, as características das enfermidades e as especificidades do tratamento.

O mesossistema inclui as interações entre dois ou mais ambientes dos quais a pessoa em desenvolvimento participa ativamente (por exemplo, no caso da criança, a escola, a família, os amigos, a comunidade; no caso do adulto, a família, o trabalho, a comunidade, a rede). Aqui estão os sistemas com todas as suas singularidades em desenvolvimento: família, hospital, equipe de saúde, rede social e familiar, tratamento e enfermidade.

O exossistema refere-se a um ou mais ambientes que não envolvem a pessoa em desenvolvimento como um participante ativo, mas nos quais ocorrem eventos que afetam, ou são afetados, por aquilo que acontece no ambiente em que está a pessoa em desenvolvimento. Aqui estão localizadas as instituições de saúde e suas conexões com a situação sociopolítica e financeira da cidade, do estado e do país. Também incluo aqui a problemática das extremas diferenças sociais e culturais com relação à pobreza e à estigmatização.

O macrossistema refere-se a consistências, na forma e no conteúdo dos sistemas de ordem inferior (micro, meso e exo), que existem no nível da subcultura ou da cultura como um todo, juntamente com qualquer sistema de crença ou ideologia subjacente a essas consistências. Aqui estão todas as diferenças culturais e sociais que temos e que devem ser levadas em conta para que não ocorra a insistência, na área de saúde, de considerar o estranho como sinônimo de patológico.

Cada contexto de ação sistêmica dentro da instituição é criado no momento em que ocorre a reunião entre pessoas no hospital; sentido, significados e objetivos começam a se construir por todos os elementos significativos que fazem referência ao evento do tratamento.

O alcance dessa proposta atinge de forma bastante direta as posições ocupadas por todos os envolvidos no processo de cuidado, reconhecendo suas singularidades e diferenças. Cada contexto tem, em seu meio ambiente interno, definições que regulam as ações e linguagens e servem de sinalização para compreensões referentes à abordagem da doença, tratamento em unidade de internação e tratamento em ambulatório, relacionamento entre equipe, paciente e família, relacionamento com a instituição, relacionamento com a sociedade, cultura e comunidade.

A situação de crise está sempre presente em momentos de sofrimento e de intenso desequilíbrio no ambiente intersubjetivo dos contextos, e também porque todos esses sistemas em interação possuem ambientes internos que não são compatíveis entre si.

Dessa forma, a inter-relação entre os pluricontextos – instituição hospitalar, a família, a pessoa com problema, os problemas, a intervenção e a equipe de saúde, a rede social e familiar – está sempre envolvida em um estado de crise dinâmica. O termo "crise" é entendido aqui com base em Elzufan:

Ações sistêmicas no hospital

O conceito de crise remete a situações complexas que podem desembocar em resultados imprevisíveis. Trata-se do instante em que se abrem várias perspectivas, se apresentam várias opções. A essência da crise é essa indeterminação dos resultados, e é a múltipla potencialidade de seu desenvolvimento que a constitui em um momento especial. (1989, p. 103)

No ambiente de crise, todos os elementos do sistema informam sobre essa experiência, construindo interações geradas tanto para conter a crise como também para a externalização de novas possibilidades que só uma situação como essa pode fazer acontecer.

Entrevista

Esse é o instrumento mais importante de ligação e construção de conversações dentro do contexto de ação sistêmica. É por meio deste instrumento que acontece o início de novas possibilidades de conversas e ações terapêuticas. Este instrumento é organizador constante de ações de colaboração e de aprendizagens mútuas.

A entrevista, feita por meio de perguntas circulares e reflexivas dentro da instituição hospitalar, organiza contextos, promove ações de colaboração, externaliza histórias familiares, encontra e dá visibilidade aos recursos subjetivos esquecidos, reconstrói relações, redefine posicionamentos, fortalece a capacidade das famílias de gerenciar a própria história, refaz objetivos terapêuticos, dinamiza e desconstrói diagnósticos pela negociação de problemas e de sua definição em conjunto.

A entrevista é um instrumento facilitador da compreensão de histórias familiares, produzindo aprendizagens novas a respeito das diferentes possibilidades de as famílias construírem suas ações de pertença e individuação em seus espaços intra e extrafamiliares durante o evento da enfermidade.

As conversações que se produzem durante os encontros da entrevista externalizam em forma de narrativa as histórias familiares e individuais carregadas de significados e crenças que "falam" sobre como as pessoas compreendem o mundo, transformam realidades e são afetadas por estas inter-relações.

As ações nessa prática compõem-se das narrativas significativas produzidas nos espaços de convivência e desenvolvem-se a partir dos consensos criados nessas ações de linguagem em situação de interdependência. As ações de colaboração acontecem pela ação conjunta ou por ações de interdependência. Citando Grandesso:

> A ação conjunta caracteriza uma zona de indeterminação, de incerteza, situada entre as ações do indivíduo no mundo e os eventos, ou seja, o que acontece para a pessoa em torno da pessoa, fora da possibilidade de controle como agente, sendo até difícil de ser caracterizado. Uma vez que as pessoas coordenam suas ações umas com as outras, de modo responsivo, nem sempre o que desejam ao iniciarem uma ação é o que acabam conseguindo. Os resultados da ação conjunta são, portanto, não intencionados e imprevisíveis, configurando um cenário prático moral organizado entre os envolvidos. (2000, p. 218)

A ação de coconstrução dos problemas pelo processo das múltiplas linguagens possibilita a emergência de outras formulações e suas redefinições. A negociação com as famílias sobre a concordância e localização de seus problemas retira do profissional de saúde o poder institucionalizado, dissolvendo-o entre todos os participantes dessas conversações emocionadas.

Quando estamos com a família nesses momentos temos de construir perguntas que "falem" com todos os elementos significativos de seu contexto desenvolvimental familiar e individual; nossa conversa é dialógica e externalizadora de competências.

A prioridade é a intersubjetividade. Falar de diagnóstico nessa posição é falar de negociação. As perspectivas terapêuticas são construídas entre todos os envolvidos no processo. O "olhar livre" nos dá a oportunidade de não trabalharmos com a ideia de *déficit*, flexibilizando tendências de fixação de rótulos diagnósticos.

As redefinições dentro de contextos de atendimento de ação sistêmica são potencializadoras de inter-relações afetivas de enfrentamento da doença e da situação de opressão causada pelas dificuldades sociais e econômicas, distinções importantes e que, somadas à circunstância de enfermidade, em um contexto hospitalar público em nosso país, formam uma situação complexa que traz mais diferenças para serem incluídas no processo de construção dialógico, que é a entrevista dentro do contexto de ação sistêmica.

Quando a família está com um problema, enrijece-se e pode desenvolver um ambiente impermeável; a ação sistêmica flexibiliza essa situação. Esse momento é compreendido como um evento de crise no sistema e é tanto uma situação de cuidado quanto uma situação potencializadora de novos recursos familiares e individuais.

A elaboração de uma compreensão a respeito de situações críticas que provocam a interrupção do processo desenvolvimentista nas interações familiares é necessária, e faz da proposta de trabalho com hipóteses diagnósticas construídas pelos desenhos dos problemas que as famílias expressam uma porta de entrada no sistema inter-relacional, dando, pela compreensão negociada e acordada sobre uma área de vulnerabilidade, uma possibilidade para o sistema familiar, do casal ou da pessoa retomar seu processo no fluxo do tempo, com recursos mais diferenciados e para propostas de novas resoluções.

A crise nos sistemas familiar, casal ou pessoal, e no contexto social e cultural em que estão inseridos é compreendida nessa discussão como uma possibilidade de formação de conexões entre sistemas e a construção de novas subjetividades na percepção de todos os envolvidos com o problema.

O sofrimento pode aparecer em uma situação de crise e "conversando" com todos os integrantes do contexto de ação sistêmica, devendo ser explicitado e integrado no esquema interacional por meio da entrevista, aparecendo no fluxo relacional com vários significados, construindo sentido no contexto em que se inserem os indivíduos que fazem do parte dos sistemas.

Tanto as pessoas e suas famílias quanto as equipes e a instituição têm problemas; posso dizer, então, que se existe um sintoma-problema nas famílias e em seus membros, existe um sintoma-problema nas equipes de saúde e nas instituições. A entrevista leva em conta todas as áreas de vulnerabilidade e de competência da instituição hospitalar, da família, da pessoa com problema, dos problemas, da ação terapêutica, da intervenção e equipe de saúde e da rede social e familiar.

Essa situação de crise é o que viabiliza a construção do espaço de ocorrência da ação sistêmica, pois algum elemento do sistema sinalizará a respeito desse estado de vulnerabilidade ou competência, propiciando a aproximação de outros elementos de outros sistemas, que se aproximarão por causa dessa porta de entrada – o problema – e começarão a produzir interações significativas para encontrar novas possibilidades de enfrentamento e superação do sofrimento vivido.

Genograma

É um instrumento clínico dinâmico, extremamente importante, que na ação sistêmica dentro do hospital assume funções de ajuda na externalização e no reconhecimento da trajetória familiar, recuperação da memória familiar referente às ações de resiliência, ressignificação da pertença pessoal e histórica na família, localização junto com a família de outras situações problemáticas vividas e suas resoluções, observação e reconstrução de rede, e ajuda a equipe de saúde a compreender que a própria família, por meio de sua história, é uma "equipe de saúde" bastante significativa.

Ciclo vital familiar e individual

Esse instrumento é bastante importante para a atuação sistêmica dentro da instituição hospitalar, pois faz referência à compreensão de que a vida em relação acontece em movimentos dinâmicos e com intensas regulações.

Localizando o momento do ciclo vital familiar e pessoal e seus dinamismos, temos a oportunidade de compreender a pertença nas inter-relações e reações subjetivas específicas nas interfaces de cada fase de desenvolvimento à situação de internação, de interação com a equipe de saúde e ao aparecimento dos problemas e suainteração com cada momento da vida da família e da pessoa. O ciclo vital introduz outro elemento importante, que é o trabalho com a noção de tempo.

A temporalidade

A temporalidade é outro instrumento teórico capaz de organizar a ideia de processo na ação terapêutica e nas conversações que se organizam durante a ocorrência do atendimento de ação sistêmica. Boscolo e Bertrando (1996) citam o conceito de tempo de Ornstein em uma perspectiva para o modelo sistêmico.

> O tempo é um conceito muito diversificado, que não se pode englobar com uma única resposta. O tempo é muitas coisas, muitos processos, muitos tipos de experiência. Os diversos tempos da experiência irão requerer diversos tipos de explicação. (Ornstein *apud* Boscolo; Bertrando, 1996, p. 38)

A proposta do tempo, por um movimento dinâmico, inclui ciclos temporais pertencentes àquelas experiências vividas que geram os contextos de ocorrência da ação sistêmica, e, para darem conta da finalidade desse espaço, reúnem-se conceitos de tempos diferentes que influenciam o processo de construção dos objetivos desse novo sistema.

Se há um novo sistema gerado no processo de encontro com a família, com a pessoa com problemas, com a rede social, com a equipe de saúde, com os problemas, com a intervenção e a instituição hospitalar, há também um tempo novo que pertence a esse novo contexto de ação terapêutica.

É o que propõe Boscolo e Bertrando (1996). Que cada concepção de tempo é verdadeira em um determinado âmbito descritivo e somente nele.

Principalmente no que diz respeito à clínica sistêmica e à abordagem familiar, de casal e pessoal, as articulações com a questão do tempo, para esses autores, estão vinculadas ao âmbito de uma complexidade extrema de interações temporais, que fazem pensar na vivência em diversos horizontes temporais em um mesmo momento.

Existe um *continuum* de tempos que interatuam de forma complexa e recursiva, fenômeno denominado anel recursivo, existente no contexto constituído pelos tempos diacrônico (passado-presente-futuro) e sincrônico (pessoal-social-cultural-familiar) em um processo de cocriação coletiva no tempo.

Dessa forma, existem os tempos diferentes de cada sistema que se conecta no processo de tratamento das doenças, o tempo do novo sistema que se forma pelo espaço das interfaces de multicontextos terapêuticos e o tempo que transcorre nesse novo sistema, responsável por produzir, pelo processo de interinfluência recíproca, a gênese das linguagens e ações significativas responsáveis pelos caminhos de mudança que todos esses sistemas percorrerão no processo de sua história dentro e fora da instituição hospitalar.

Esses autores propõem as questões do tempo relacional, enfocando a pluralidade de tempos relacionados com diferentes níveis de realidade. A realidade está objetivada pelas descrições de uma comunidade, que se coloca de acordo com determinadas descrições que assumem, então, o *status* de realidade, funda concepções de tempos diferentes (Bertrando; Boscolo, 1996).

Se trabalhamos com a ideia de que um sistema possui ciclos e faz conexões em períodos diferentes, com circunstâncias temporais específicas com outros sistemas, inserimos a questão da história como parte importante de todo trabalho com sistemas diversificados, que são as famílias.

> As famílias têm as competências necessárias para efetuarem as transformações de que precisam com a condição de as deixar experimentar as suas autossoluções e ativarmos o processo que as autoriza a isso. (Ausloos, 1996, p. 35)

Rede social

O trabalho com o conceito de rede social dentro da instituição hospitalar é um dos grandes alicerces da ação sistêmica, porque faz com que as pessoas não sejam capturadas pelas tendências estigmatizantes. As histórias das famílias e das pessoas ganham validação, a rede fortalece o intercâmbio comunitário em sua mais vigorosa característica de pertença e produz aprendizagens por meio do fortalecimento e da manutenção de um espaço de inter-relação, mantendo aberta a comunicação com a comunidade e a cultura, em toda a extensão do potencial humano de transformação.

Hierarquização de problemas e localização de situações vulneráveis

Durante o processo de entrevista junto às famílias, inicia-se a negociação sobre a compreensão das circunstâncias problemáticas, das histórias ricas, de competência, e do processamento das ações sistêmicas na abordagem dos problemas negociados. É necessário fazer junto com as famílias a hierarquização das áreas que merecerem a atenção de todos de forma mais imediata e aquelas que, por estarmos trabalhando em um enfoque sistêmico, serão afetadas pelo processo de mudança.

Existem tanto as vulnerabilidades e as competências e problemas da família e das pessoas como também os da equipe de saúde e da instituição, todas estas interfaces organizam e desenham o espaço de possibilidades de ação: o problema, a família, o indivíduo com problemas, a rede social e familiar, a equipe de saúde, a ação terapêutica e a instituição hospitalar.

Resiliência

O conceito de resiliência e as pesquisas recentes a respeito feitas por Walsh (1998), Yunes (2001) e Oliveira (2001) trazem um novo recurso para a ação sistêmica dentro do hospital, principalmente na redefinição do diagnóstico dentro da instituição, destituindo-o do poder de definidor de verdades, pela ação, na inter-relação junto às famílias e seus membros, de localização de momentos no ciclo vital familiar e individual em que situações de extrema dificuldade foram vivenciadas e superadas, comunicando esses eventos à equipe para que comece uma conversação mais aproximada com essa ideia.

Essa conceituação, quando usada na ação sistêmica dentro do hospital, resgata um maior agenciamento do *self* das pessoas, ressignifica e qualifica a história de vida das famílias, fazendo que nem a equipe de saúde, nem a instituição se posicionem na inter-relação como consertadores de vidas.

Surge, dessa forma de compreender o processo de construção das histórias familiares e individuais, a noção de competência familiar e pessoal. Aqui cabe a noção de competência familiar como Ausloos a define: "Falar de família competente é, pois, uma maneira de dar à família a sua competência, antes de ter em conta suas faltas [...] ativar um processo no qual a família poderá observar, experimentar, mudar" (1996, p. 29).

Quando existe essa disposição de, juntos, localizarmos as competências, a relação de poder é redistribuída, o poder de um transforma-se em poder na inter-relação e reconhecido pela competência. Segundo Ausloos, uma família só pode colocar problemas que seja capaz de resolver:

> A família competente não é competente em tudo e não basta ouvir os membros da família para encontrar soluções. Cada família tem competências suficientes para enfrentar seus próprios problemas na condição de dispor de informação suficiente. Portanto, o papel do terapeuta é o de ativar a circularidade de informação na família para que as soluções surjam. (1996, p. 29)

De certa forma, a atuação dentro da clínica sistêmica não é tranquilizante, pois não partilha da proposta de um observador distanciado e com poderes de averiguação e interferência unilaterais. Pelo contrário, exige de quem adota esse modelo um movimento para dentro dos sistemas interacionais a serem conhecidos.

Diagnosticar no contexto da ação sistêmica

Em virtude de todas as colocações anteriores, o diagnóstico surge do interior dessa proposta, perdendo lugar para a competência das pessoas, das famílias e de seu contexto de rede, comunitário e cultural, porque a vida é muito mais do que uma categoria diagnóstica, e porque diagnosticar não é definir toda a vida de uma pessoa e de uma família. Tanto a equipe faz seus diagnósticos como a família e seus membros diagnosticam a equipe e a instituição. Diagnosticar, nessas circunstâncias, é negociar em inter-relação de colaboração.

> Colaborar é trabalhar em conjunto com as nossas competências, os nossos valores, as nossas responsabilidades respectivas e também as nossas insuficiências, sabendo que não são verdades na educação, mas apenas um processo de tentativa e erro no qual se pode caminhar e crescer. (Ausloos, 1996, p. 160)

Nós, profissionais de saúde, temos de evitar e ao mesmo tempo preocupar-nos muito com nossa responsabilidade em não participar do que Gergen (1996) chama de "ciclo de enfermidade progressiva". Quanto mais aplicarmos expressões como déficit de atenção, sociopatia, depressão, transtorno obsessivo compulsivo, psicose etc., mais essas construções teóricas farão parte da vida diária das pessoas, de suas famílias e de sua rede social, provocando efeitos danosos de estigmatização e obscurecendo a contribuição de outros fatores, como as demandas econômicas, imagens de mídia e outros problemas sociais, que colaboraram o prejuízo da vida das pessoas e que devem ser observados.

Dessa forma, quanto mais profissionais disseminam suas ideias de que as pessoas e suas famílias são definidas pelas categorias de diagnóstico, mais elas procuram a ajuda desses profissionais, e mais esses profissionais insistem em defini-las pelas categorias diagnósticas por eles determinadas.

Devemos fazer sempre movimentos reflexivos de avaliação de nossas ações, das construções de nossas crenças e de nossos prejuízos inter-relacionais, senão estaremos sendo completamente incoerentes com o modelo sistêmico.

As conversas produzirão linguagens que deverão construir significados, fazendo nascer formas diferenciadas de interação para que se comece a processar a mudança de pontos de vista no novo sistema que se formou para o processo diagnóstico e de intervenção. Assim, as categorias diagnósticas começam a se relativizar, mas para isso temos de conter muitas vezes nossa impaciência de observador, causada por nossas tendências pedagogizantes de conserto.

Trabalhar no espaço construído pela interface de múltiplos contextos é compreender essa interação como produção de ações complexas que, segundo Vasconcellos (1995), acontecem pela interconexão entre sistemas de estruturas diferentes. Estaremos, dessa forma, atuando no âmbito da complementaridade. Superando modos disjuntivos de pensar a realidade, ultrapassamos antagonismos e damos um salto para, em meu ponto de vista, uma possibilidade de trabalho com estruturas consideradas sistêmicas.

O trabalho dentro do hospital acontece movido pelo princípio da não disjunção, reconhecendo que as interações humanas são, ao mesmo tempo, psicológicas, orgânicas, sociais, culturais, ambientais, ecológicas e espirituais.

Ao mesmo tempo em que estamos em interação com as famílias, a equipe, a instituição e a rede social e os problemas, em tempos de crise diferentes é possível um processo mais dinâmico de relação com essas situações que se movimente de acordo com a situação contextualizada em ações terapêuticas: a) mais definidoras de condutas e verticalizadas quando em situação de crise intensa, e b) de interações mais horizontais de externalização de competências e reconhecimento e rastreamento dos eventos de resiliência e competência em sua história.

A questão da complexidade, novamente, está inserida no trabalho em ação sistêmica dentro do hospital, e encontro sentido no que propõe Onnis (1988, p. 25):

Trabalhar com a ideia da complexidade implica o reconhecimento de uma multiplicidade de níveis de realidades que são, ao mesmo tempo, autônomos e interativos, cada um mantém sua singularidade e especificidade, mas ao mesmo tempo recebem forma e ganham significado somente no âmbito do desenho complexo.

Essa questão traz mais colorido aos diferentes desenhos que as famílias e as pessoas criam para darem conta das circunstâncias de suas vidas, felicidades e sofrimentos, qualificando essas representações, afastando-as da simplicidade de uma formulação de certo ou errado.

Levar em conta também a história de vida dos profissionais da área de saúde, principalmente no rastreamento das ressonâncias intergeracionais e no quanto elas podem interferir ou ajudar durante o atendimento no contexto de atendimento terapêutico sistêmico, corresponsabiliza as ações de intervenção.

Não podemos perder a capacidade de nos emocionar com o sofrimento, a alegria e a experiência vivida pelas famílias e pelos indivíduos nessas circunstâncias. Somos seres humanos tratando e interagindo com seres humanos.

O foco está em múltiplos níveis, está nos pluricontextos; as intervenções transformam-se em conversação, a entrevista clínica é etnográfica, o terapeuta sistêmico flexibiliza inter-relações, a compreensão é circular e busca continuamente a interdependência dos pluricontextos.

Deve-se sair do paradigma do prejuízo para entrar na competência, compreendendo-se que a comunicação sistêmica acontece em vários níveis e tendo como porta de entrada para o sistema familiar e pessoal uma conversação geradora de sentidos. Trabalhar com o modelo sistêmico dentro da instituição hospitalar é desenvolver inter-relações que redefinam e qualifiquem o extremo esforço das famílias e das pessoas na construção de suas histórias de vida.

Colaborar com as famílias não é, portanto, apenas procurar os problemas que elas e os indivíduos possam apresentar, é trabalhar para a satisfação de todos os envolvidos na ação sistêmica, reconhecendo suas diferenças e dando voz e reconhecimento a todas elas.

As pessoas que estão sofrendo, as pessoas que estão em situação de risco, devem, em relação de colaboração com os profissionais e no máximo que puderem, ser os que vão mostrar a direção sobre suas vida e sobre o seu tratamento. As famílias sempre fazem grandes sacrifícios. Aqueles que têm mais a perder devem ser ouvidos o mais possível, porque têm coisas importantes a serem ditas, esta é a posição ética a ser tomada. (Doherty, 1995, p. 279)

A comunidade, a família, os problemas e o hospital: redes de colaboração

Ninguém educa ninguém, ninguém educa a si mesmo, os homens se educam entre si, mediatizados pelo mundo.
(Paulo Freire)

Desde que comecei minha formação como terapeuta familiar, tenho aprendido muito sobre a extensão do trabalho de redes. A formação continuada faz com que possamos revisar nossa prática e nossos posicionamentos teóricos e constantemente desenharmos novos formatos de atuação.

É o que tem acontecido há dez anos no trabalho com redes no contexto da saúde, em sua interface inter e intrainstitucional, por meio das experiências com as famílias e as pessoas enfermas e outros problemas das conversações que fazem parte do grupo de pacientes e seus familiares, vizinhos e amigos no Departamento de Oncologia e Tocoginecologia, bem como no grupo de Terapia Comunitária implantado no ambulatório de Saúde Mental do Hospital das Clínicas da Universidade Federal do Paraná (HC-UFPR).

As situações vividas no encontro desses grupos são testemunho de uma prática extremamente útil, pois é impossível, depois de entender e fazer seu processo, deixar de ser afetado por sua importância, pois ele tem a função de qualificar e construir novas aprendizagens sobre as relações humanas.

Entender o conceito de rede, fazer acontecer suas propostas, manter-se em contato com o meio ambiente criado pela rede, acompanhar seus movimentos, entender e experienciar como somos afetados é uma experiência bastante significativa.

O conceito de rede desenvolve a ideia de que não estamos sozinhos em nossas diferenças e com nosso sofrimento. A externalização do sofrimento de uma pessoa no grupo possibilita uma escuta interna do sofrimento dos demais componentes, e esse diálogo interno resgata a memória do esforço e da competência de todos, naquele momento emocionado. Por meio desse enfoque, as práticas em saúde dentro do hospital podem ser compreendidas como redes de construção de significados extremamente sérios e importantes para a vida familiar e pessoal.

> Um grupo de interação espontânea, que pode ser descrita em um momento dado e aparecendo em um certo contexto definido pela presença de certas práticas mais ou menos formalizadas. E aplica-se também à intenção de organizar essas interações de um modo mais formal, traçando fronteiras ou limites, colocando um nome e gerando em si um novo nível de complexidade, uma nova dimensão. (Packman, 1995, p. 296)

Funciona como ponto de referência de entrelaçamento de histórias institucionais, profissionais, sociais, culturais, pessoais, familiares sempre em desenvolvimento, tendo como temas principais toda a complexidade da interface da saúde física, mental, social, comunitária, econômica, familiar, espiritual e problemas originados pelas dificuldades em resolver esse gerenciamento.

> A rede faz uma interface muito importante entre a situação de pobreza e as dificuldades da população em frequentar os serviços de saúde e educação atualmente oferecidos em nosso país e em seus estados. As pessoas e suas famílias, sofrendo pela situação da pobreza, têm, além de outras tantas preocupações, um acúmulo em suas dificuldades quando o evento da enfermidade e outros problemas, como violência física, violência verbal, abandono, a privação alimentar, escolar e de direitos civis, aparecem em suas vidas.
> Se a subjetividade de um ser humano – expressada no fato de que é um centro único de decisões e um emissor socialmente validado de observações linguísticas sobre o mundo do qual faz parte, e o qual nesse mesmo processo ajuda a construir – é desqualificada, esse ser humano se torna um objeto social de outras vozes, atuado em vez de ator. (Packman, 1994, p. 88)

A pobreza e a impossibilidade de visualização de retorno do esforço coletivo em sua superação trazem para a vida das pessoas tristeza, uma interiorização de sentimentos estigmatizantes e reações em situações de crise intensa muito danosas para todos. É por isso que o trabalho com noção de competência, resiliência e rede social ativa o processo de conviver com a noção de pertença e resgata autorias e agenciamentos das famílias e das pessoas sobre sua própria vida.

> As famílias que têm o ritmo de sua vida marcado pela pobreza e violência habitam uma fronteira cuja micropolítica inclui interações com uma multiplicidade de agências, instituições, sistemas, que se tornam parte integral de seu cotidiano, porque se acham expostas a uma condição marginalizada com respeito mesmo às outras instituições e sistemas que marcam a vida cotidiana de outros setores da população. (Packman, 1994, p. 87)

Dessa forma, as inter-relações no contexto de ação sistêmica têm a função de realmente desenvolver uma conversação ativa com as questões que afetam a vida das pessoas – junto com as pessoas.

As propostas de Paulo Freire (1987) ajudam a entender o quanto a opressão prejudica a saúde da vida. A pobreza em termos inter-relacionais produz desqualificação, a recuperação para saída dessa situação faz-se pelo trabalho com a competência e pelo agenciamento das famílias na condução de suas próprias vidas. Está na possibilidade do trabalho com redes resgatar as relações nesses contextos que levavam à uma manutenção de sentimentos de opressão e menos-valia. O trabalho com rede dentro de uma instituição de saúde faz que as equipes de saúde parem de "coisificar" as histórias de vida das pessoas e as pessoas, diminuindo consideravelmente as relações de opressão, pois dá voz a todos os envolvidos na intervenção para a compreensão ou resolução do problema.

> A autodesvalia é outra característica dos oprimidos. Resulta da introjeção que fazem eles da visão que deles têm os opressores. De tanto ouvirem de si mesmos que são incapazes, que não sabem nada, que não podem saber, que são enfermos, indolentes, que não produzem em virtude de tudo isso, terminam por se convencer de sua incapacidade. Falam de si como os que não sabem e do "doutor" como o que sabe e a quem devem escutar. Os critérios de saber que lhe são impostos são os convencionais. (Freire, 1987, p. 50)

Modificar e problematizar essa realidade de opressão causada pelas micropolíticas de poder dentro das inter-relações na área de saúde é uma das grandes possibilidades do trabalho com rede dentro do contexto hospitalar.

O contexto intra e inter-hospitalar possui todas as características férteis para se definir como rede por possuir esse ambiente de inter-relações dinâmicas conectando-se a novas redes e construindo-as, em virtude da necessidade de a instituição manter-se em contato com todos os acontecimentos – sociais, culturais, biológicos, psicológicos, ecológicos, religiosos, geográficos, políticos e espirituais

– em que está inserida, tornando a leitura da instituição bastante complexa. A ideia é potencializar os recursos da comunidade ao mesmo tempo em que as famílias frequentam o hospital.

A complexidade da rede dentro do hospital mantém-se por vínculos de formas diversificadas. Cada clínica dentro de um hospital constrói sua especificidade e organiza sua estrutura de relação interna entre os membros de sua equipe e seus pacientes e familiares com as demais clínicas existentes dentro do hospital e com a instituição hospitalar em dois âmbitos principais: dos objetivos da instituição referentes à área de saúde e na esfera político-administrativa.

Nessa ordem de posicionamento das redes intra e extra-hospitalares, todos as pessoas e grupos que fazem referência ao convívio hospitalar de maneira formal ou informal interagem como uma rede, pertencem a uma rede e podem, dessa forma, construir interações de participação de acordo com as distinções de sua área de atuação clínica. A intenção, ao trabalhar com a construção de redes dentro do hospital, é tornar a instituição mais permeável à vida comunitária.

O trabalho na área da saúde toca mais a realidade quando todos escutamos o chamado para juntos desenvolvermos conversações amorosas de legitimação da experiência e condição humana, produzindo menos as forças de expulsão e mais as forças de acolhimento e integração.

Referências bibliográficas

ACKERMANN, Nathan. The growing edge of family therapy. *Family Process*, v. 10, n. 2, p. 143-156, jun. 1971.

ALEXANDER, F. The psychosomatic approach. In: _____. *The scope of psychoanalysis*. New York: Basic Books, 1961. p. 345-358.

AMERICAN PSYCHIATRIC ASSOCIATION. *Diagnostic and statiscal manual of mental sisorders*. 4th ed. 1994.

ANCONA-LOPEZ, S. *A porta de entrada*: da entrevista de triagem à consulta psicológica. Tese (Doutorado em Psicologia Clínica). Pontifícia Universidade Católica de São Paulo, São Paulo, 1995.

ANDERSEN, T. Una oración en cinco renglones sobre la creación del significado: La perspectiva de la relación, el prejuicio y el hechizo. *Sistem. Fam.*, v. 13, n. 2, p. 17-23, 1997.

ANDERSON, H.; GOOLISHIAN, H. A. Human systems in linguistic systems: Preliminary and evolving ideas about. The implications for clinical theory. *Family Process*, v. 27, n. 4, p. 371-393, dec. 1988.

APONTE, H.; HOFFMAN, L. The open door: A structural approach to a family with anoretic child. *Family Process*, v.12, n. 1, p. 1-44, mar. 1973.

ARAUJO, A. C. *Resiliência*: algumas definições. São Paulo: Núcleo de Psicologia Clínica, Pontifícia Universidade Católica, 2002.

AUSLOOS, G. *A competência das famílias*: tempo, caos e processo. Lisboa: Climepsi,1996.

BATESON, G. *Espíritu y naturaleza*. Buenos Aires: Amorrortu, 1993.

BELL, N. W.; ZUCKER, R. A. Family-Hospital relationships in a State Hospital setting: A structural-functional analysis of the hospitalization process. *The International Journal of Social Psychiatry*, v. 15, n. 1, p. 73-80, 1968.

BERGER, P. L.; LUCKMAN, T. *A construção social da realidade*: tratado de sociologia do conhecimento. Petrópolis: Vozes, 1985.

BERTALANFFY, L. von. *Teoria geral dos sistemas*. 3. ed. Petrópolis: Vozes, 1977.

BLACK-IMBER, E. La perspectiva de los sistemas más amplios que la familia. *Sistemas familiares*, v. 11, n.1, p. 35-59, mar. 1995.

BURSTEN, B. Family dynamics, the sick role, and medical hospital admissions. *Family Process*, v. 4, n; 2, p. 206-216, 1965.

BLOCH, D. Famiglia/malatia/sistemi di trattamento: un modelo co-evolutivo. In: ONNIS, L. et al. *Famiglia e Malattia Psicosomatica*. Roma: La Nuova Cientifica, 1988. Cap. 4.

_____.; WEISS, H. M. Training facilities in marital and family therapy. *Family Process*, v. 20, n. 2, p. 133-146, jun. 1981.

BLUM, W. R. Risco e resiliência – Sumário para desenvolvimento de um Programa. *Adolescência Latino-americana*, v. 1., p. 16-19, abr.-jun. 1997.

BOSCOLO, L. *A entrevista* – teoria e prática. São Paulo: Pioneira, 1991.

_____.; BERTRANDO, P. The reflexive loop of past, present and future in systemic therapy on consultation. *Family Process*, v. 31, n. 2, p. 119-130, jun. 1992.

_____.; _____. *Los tiempos del tiempo: Una nueva perspectiva para la consulta y la terapia sistémicas*. Barcelona: Paidós, 1996.

BRADFORD, K. Ecosystemic epistemology: An alternative paradigm for diagnosis. *Family Process*, v. 18, n. 2, p. 117-129, jun. 1979.

_____.; SPRENKLE, D. H. Ecosystemic epistemology: Critical implications for the aesthetics and pragmatics of family therapy. *Family Process*, v. 21, n. 1, p. 1-19, mar. 1982.

BRESLOW, D. B.; HRON, B. G.. Time extend family interviewing. *Family Process*, v. 16, n. 1, p. 97-103, mar. 1977.

BRONFENBRENNER, U. *A ecologia do desenvolvimento humano*. Porto Alegre: Artes Médicas, 1994.

CAMPOS, T. C. *Psicologia hospitalar* – A atuação do psicólogo em hospitais. São Paulo: EDU, 1995.

CAPRA, F. *O ponto de mutação*. A ciência, a sociedade e a cultura emergente. São Paulo: Cultrix, 1997.

CECCHIN, G. Hypothesizing, circularity, and neutrality revisited: An invitation to curiosity. *Family Process*, v. 26, n. 4, p. 405-413, dez. 1987.

CERVENY, M. O. C.; BERTHOUD, E. M. C. *Família e ciclo vital: nossa realidade em pesquisa*. São Paulo: Casa do Psicólogo, 1997.

CONRAD, A. Psychiatric study of hyperthyroid patients. *J. Nerv. and Ment. Dis.*, 79, p. 505-656, 1934.

COSTA, J. F. *Ordem médica e norma familiar*. Rio de Janeiro: Graal, 1989.

CUNNINGHAM, P. B.; HENGGELER, S. W.. Engaging multiproblem families in treatment: Lessons learned through the development of multisystemic therapy. *Family Process*, v. 38, n. 3, p. 265-281, jul. 1999.

DABAS, E.; NAJMANOVICH, D. *Redes del lenguaje de los vínculos*: hacia la reconstrución y el fortalecimiento de la sociedad civil. Barcelona: Paidós, 1999

DI NICOLA, V. Nuove realtà sociali, nuovi modelli di terapia: terapia familiare culturale per um mondo in transformazione. *Terapia Familiare*, v. 54, , p. 5-9, jul. 1997.

DOHERTY, W. J. The why's and levels of collaborative family health care. *Family System Medicine*, v. 13, n. 3-4, p. 275-281, 1995.

ELKAÏM, M. From general laws to singularities. *Family Process*, v. 24, n. 2, p. 151-164, jun. 1985.

ENELOW, A. J. *et al. Entrevista clínica e cuidados ao paciente*. Lisboa: Climepsi, 1999.

ENGEL, G. The clinical aplication of the biopsychosocial model. *The American Journal of Psychiatry* v. 137, n. 5, p. 535-544, mai. 1980.

FALICOV, C. Training to think culturally: A multidimensional comparative framework. *Family Process*, v. 34, n. 4, p. 373-388, dez. 1995.

FLEURIDES, C.; NELSON, T. S.; ROSENTHAL, D. M. The evolution of circular questions: Training family therapists. *Journal of Marital and Family Therapy*, v. 12, p. 113-127, 1986.

FOUCAULT, Michel. *História da loucura*. São Paulo: Perspectiva, 1987.

_____. *O nascimento da clínica*. Rio de Janeiro: Forense Universitária, 1994.

_____. *Vigiar e punir*. História da violência nas prisões. Petrópolis: Vozes, 1997.

FOX, D. J. *The research method in education*. New York: Holt, Rinehartd and Winston, Inc., 1969.

FREIRE, P. *Pedagogia do oprimido*. Rio d e Janeiro: Paz e Terra, 1987.

FROMA, W. The concept of family resilience: Crises and challenges. *Family. Process*, v. 35, n. 3, p. 261-281, set. 1996.

GALANO, M. H. O ciclo vital da família: uma visão complexa. In: BETTARELLO, S. (Org.) *Perspectivas psicodinâmicas em psiquiatria*. São Paulo: Lemos, 2001.

GARCIA, A. G. El diagnóstico: mantiene o disuelve el problema? *Sistem. Fam.* v. 13, n. 2, p. 69-72, 1997.

GARMEZY, N. Resilience: Status of research and research-based programs. A service of CMHS – School Violence Prevention (http:mentalhealth-org/sepcials/schoolviolence/resiliense.htm). 1999. Material xerocado.

GERGEN, K.; HOFFMAN, L.; ANDERSON, H. Is the diagnosis a disaster? In: KASLOW, F. *Handbook of relational diagnosis and disfunctional family patterns*. John Wiley & Sons, Inc., 1996. Cap. 7.

GRANDESSO, M. A. *Sobre a reconstrução do significado*: uma análise epistemológica e hermenêutica da prática clínica. São Paulo: Casa do Psicólogo, 2000.

GREENE Jr., W. A. Role of a vicarious object in the adaption to object loss: I. Use of a vicarious object as a means of adjustment to separation from a significant person. *Psychosom. Med.*, v. 20, p. 344-350, 1958.

GROLNICK, L. A family perspective of psychosomatic factors in illness: A review of the literature. *Family Process*, v. 11, n. 4, p. 457-486, 1972.

HALEY, J. Primeira entrevista. In: _____. *Psicoterapia familiar:* um enfoque centrado no problema. Belo Horizonte: Interlivros, 1979. Cap 1, p. 23.

HEGENBERG, L. *Doença*: um estudo filosófico. Rio de Janeiro: Fiocruz, 1998.

HELM, S. Systemic optimism – Systemic pessimism. Two Perspectives on Change. *Family Process*, v. 27, n. 2, p. 121-127, jun. 1988.

IMBER-BLACK, E. La perspectiva de los sistemas más amplios que la familia. *Sistem. Fam.*, v. 11, n. 1, p. 35-59, 1995.

IRWIN, E. C.; MALLOY, E. S. Family puppet interview. *Family Process*, v. 14, n. 2, p. 197-191, jun. 1975.

JACKSON, D. D. The study of the family. *Family Process*, v. 4, n. 1, p. 1-20, mar. 1965.

_____. The Individual and the Larger Contexts. *Family Process*, v. 6, n. 2, p. 139-147, set. 1967.

_____. L'omeostasi familiare e il médico. In: ONNIS, L. et. al. *Famiglia e malattia psicosomatica*. L'orientamento sistemico a cura de Luigi Onnis. Roma: La Nuova Italia Cientifica, 1988. Cap. 1, p. 33-39.

_____. *et al*. A method of analisis of a family interview. *Arch. Gen. Psychiatry*, v. 5, 321-339, 1961.

JUTORÁN, S. El processo de las ideas sistémico-cibernéticas. *Sistemas Familiares*, p. 9-27, abr. 1994.

KASLOW, F. *Handbook of relational diagnosis and disfunctional family patterns*. New York: John Wiley & Sons, Inc., 1996.

KATO, R. A. F. Regina. *A família diante da cronicidade de uma doença infantil*. Tese (Doutorado em Psicologia Clínica). Pontifícia Universidade Católica de São Paulo, São Paulo, 1994.

KEENEY, B. K. *Estética del cambio*. Barcelona: Paidós, 1994.

KORIN, E. C. Desigualdades sociales y relaciones terapéuticas: aplicación de las ideas de Freire a la prática clínica. *Sistem. Fam.*, v. 131, p. 9-24, 1997.

KORNBLIT, A. *Somática familiar*. Enfermedad orgânica y família. Barcelona: Gedisa, 1984.

KUHN, T. S. *A estrutura das revoluções científicas*. São Paulo: Perspectiva, 1997.

KYALE, S. *Interviews* – An introduction to qualitative research interviewing. London: Sage Publications, 1996.

MINISTÉRIO DA SAÚDE. Disponível em: <http//:altr2001.saude.gov.br/sas/dsra/homehuman.htm>. Acesso em: 4 ago. 2001.

OTTO, H. A. Criteria for assessing family strength. *Family Process*, v. 2, n. 2, p. 329-338, 1963.

ROLLAND, J. S. Chronic illness and the life cycle: a conceptual framework". *Family Process*, v. 26, n. 2, p. 203-221, jun. 1987.

TOMM, K. Interventive interviewing: Part I. Strategizing as a fourth guideline for the therapist". *Family Process*, v. 26, n. 1, p. 3-13, mar. 1987a.

_____. Interventive Interviewing: Part II. Reflexive questions as a means to enable self healing". *Family Process*, v. 26, n. 2, p. 167-183, jun. 1987b.

_____. Interventive interviewing. Part III. Intending to ask linear, circular, strategic or reflexive questions? *Family Process*, v. 27, n. 1, p. 1-15, mar. 1988.

UMBARGER, C. The paraprofessional and family therapy. *Family Process*, v. 11, n. 2, jun. 1972.

WELLS, C. F.; RABINER, E. L.. The conjoint family diagnostic interview and the family index of tension". *Family Process*, v.12, n. 2, p. 127-144, jun. 1973.

Ressonância psicológica de um transplante medular quando o doador e o receptor são irmãos e irmãs[1]

Françoise Weil-Halpern[2]

Em 1969, Sonia, três meses de idade, acometida por uma doença genética autossômica recessiva, com *déficit* imunitário combinado severo, foi beneficiada por um transplante de medula óssea de seu irmão. Ele foi o único sobrevivente indene de uma fratria de quatro crianças. É o começo de uma grande aventura para cada um dos membros da equipe pediátrica pluridisciplinar, dirigida pelo professor Claude Griscelli. Ela será um marco de interrogações específicas, de pesquisas, de descobertas e mudanças.

Como psicanalistas, nós nos questionamos sobre como intervir para que essas crianças não se tornem inaptas mental ou socialmente. Nós nos preocupamos com o bebê doente, confinado em um recinto estéril, ou "bolha" (Weil-Halpern, 1981), com suas necessidades essenciais no momento da proposição de enxerto de medula, assim como com os procedimentos técnicos e informativos concernentes ao doador, com as consequências das doenças genéticas autossômicas recessivas ligadas ao cromossomo X (ou seja, transmitidas pela mãe aos meninos), da mesma maneira que com a proposição de um diagnóstico pré-natal e suas consequências sobre as primeiras interações mãe-bebê, etc. Sabendo da importância das condições do isolamento de uma parte e das primeiras relações mãe-lactente para a saúde mental, contribuímos para a adaptação do meio-ambiente de nossa unidade às necessidades específicas dos bebês e de suas famílias (Weil-Halpern, 1985).

---

[1] Traduzido por Caroline Salvati, psicóloga, membro praticante da Associação Psicanalítica de Curitiba, mestre pela Universidade de Paris VII.

[2] Psicanalista da Unidade de Imunologia e Hematologia do Hospital Necker – Enfants Malades, em Paris, França.

Em um decênio, assistimos ao sucesso dessa terapêutica, à ampliação do campo terapêutico e ao número consideravelmente crescente de crianças que puderam beneficiar-se dela (Weil-Halpern, 1991). Três outras unidades pediátricas praticavam os transplantes medulares no território nacional[3]. Pareceu-nos importante que os membros dessa equipe pluridisciplinar pudessem confrontar suas observações e suas experiências. Se cada equipe tem suas próprias tradições concernentes ao acolhimento e às relações pediatra-família, tem também suas particularidades, uma experiência única e inovadora em função da população, das patologias e da idade das crianças, mas também de sua própria história.

Nossa unidade acolhe, em sua maioria, lactentes acometidas de *déficits* imunitários combinados severos. O Centro Hayem do Hospital Saint Louis tem uma longa experiência no tratamento de adolescentes; o hospital Debrousse gerencia um número importante de crianças acometidas por doenças hematológicas.

Constituímos um grupo dirigido e orientado pelo professor Serge Lebovici, intitulado Grupo de Estudo e Pesquisa sobre as Consequências Psicológicas Ligadas ao Confinamento e aos Transplantes Medulares. O grupo reuniu-se durante seis anos, duas vezes por ano. Nesse período, a riqueza das trocas e das experiências nos permitiu alargar o campo de nossas preocupações e ações. Depois dos estudos das consequências do confinamento e do enxerto na criança doente, compreendemos que havíamos banalizado um pouco o peso dessa situação para os doadores e para o abando deste ou daquele que não tem nenhum mandato, dentre eles, um se qualificou esquecido durante quatro anos. Ele se apresentava apenas como o doador para a missão de salvador, que a ele foi delegada, correndo alto risco psicológico.

Um projeto de pesquisa a respeito da ressonância psicológica sobre a doação da medula nos irmãos e irmãs "doadores" no transplante de medula óssea, no enquadramento do Contrato de Pesquisa Externa, teve sustentação do Institut National de la Santé et de la Recherche Médicale (INSERM). Desejávamos estudar: a) as consequências e a influência da doação da medula para o desenvolvimento psicopatológico do doador; b) o impacto e o possível efeito traumático da doença do receptor e do enxerto sobre cada um dos membros do grupo familiar; c) as consequências da

---

[3] Centro Hayem – Hospital Saint Louis Paris – Direção: Prof. Eliane Gluckmann;
Hospital Debrousse Lyon – Direção:Dr. Gérard Souillet
Centro Hospitalar e Universitário de Nancy – Direção: Prof. Danièle Olive
Unidade de Hematologia e de Imunologia. Hospital Necker – Enfants-Malades – Paris – Direção: Prof. Claude Griscelli.

*Ressonância psicológica de uma transplante medular quando o doador
e o receptor são irmãos e irmãs*

culpabilidade e da agressividade sobre as relações fraternas. As quatro equipes pediátricas puderam acompanhar mais de cem famílias durante três anos[4].

Esse projeto de pesquisa permitiu que nos situássemos no "*après-coup*" – "surgimento da doença ao enxerto" – e que refletíssemos sobre as suas consequências sobre cada um dos membros da família, independentemente de a criança doente curar-se ou morrer.

Encontrar um doador idêntico era, até 1983, a preocupação principal. Cada indivíduo possui antígenos de histocompatibilidade transmitidos por seus pais. Muitas combinações podem existir, e cada criança tem uma chance em quatro de ser compatível com seu irmão ou a sua irmã. A melhor situação seria a existência de um doador aparentado que tenha herdado as mesmas moléculas HLA que o receptor, seja um irmão ou uma irmã. Assim, em uma família, duas crianças podem ser compatíveis, mas pode ocorrer também que nenhuma criança de seis irmãos e irmãs o seja àquela que está doente.

Desde a decisão do enxerto, inicia-se uma corrida contra o relógio para encontrar um doador idêntico. Os irmãos e as irmãs são convocados, as retiradas de amostras são realizadas e, na melhor das hipóteses, gritamos "vitória" quando um dos irmãos ou irmãs é idêntico. Ele representa a esperança real de salvar a criança doente. E é aí que começa, para cada um da família, em função de sua história e da de cada um de seus membros, uma aventura dolorosa entre a esperança, a realidade e a angústia.

Trata-se de um conflito externo subjacente a um conflito interno. O primeiro situa-se no nível da realidade. Os pais estão tomados pelo desejo de salvar uma criança e pela culpa de expor uma outra saudável ao risco anestésico. O segundo, inconsciente, é terrível (Dermatis, 1990). É uma caminhada forçada e dolorosa pelo caminho árduo dos ramos genealógicos da culpabilidade edipiana, com seus votos mortíferos, suas transgressões amorosas e suas rivalidades fratricidas. A criança doadora encontra-se presa na rede fantasmática que faz da doação da medula um acontecimento simbólico, imensurável para a realidade médica, na retirada e no transplante medular.

A criança doadora é submetida a uma série de exames (eletroencefalograma, radiopulmonar, coletas de sangue múltiplas etc.) e lhe deixamos a possibilidade de

---

[4] Contrato de Pesquisa Externa INSERM 1983. *Estudo de ressonância psicoafetivo nos irmãos e irmãs "doadores" de medula óssea no curso de um transplante medular.* Diretora do Programa: Françoise Weil-Halpern.

expressar sua inquietude. Para o enxerto da medula, retira-se uma amostra da medula óssea por aspiração. Geralmente, é na ala ilíaca, e se faz no dia do enxerto, sob anestesia geral, unicamente com o objetivo de evitar a dor. O doador é hospitalizado na véspera. A medula é condicionada dentro de uma bolsa plástica e transfundida ao receptor por via intravenosa.

O doador, segundo sua idade, é informado das modalidades técnicas do enxerto e da necessidade de retirada de amostras sanguíneas, no curso de uma consulta composta, geralmente, pelo grupo familiar e vários membros da equipe. Mas, apesar de as explicações dadas com relação ao processo de enxerto serem adaptadas pelo pediatra para cada família, o conjunto do processo ainda permanece misterioso (Weil-Halpern, 1991).

Vou tentar ilustrar, pelos propósitos dos pais e das crianças, a tragédia fraternal dos doadores, dos receptores e "dos esquecidos" no decorrer de um transplante medular que permite, às vezes, a cura de uma criança condenada.

Os pais

Senhora B., mãe de Marie conta a seguinte história:

> Quando fiquei grávida, ou melhor, no momento da concepção de Marie, eu tinha pesadelos. Eu estava no meio de crianças mongóis. Contei ao médico, que me encorajou a retirar essas ideias de minha cabeça. É preciso dizer que eu perdi meu pai nesse momento. O médico disse que eu estava perturbada por seu falecimento. Ele me encaminhou a um geneticista, que me assegurou: "Marie estará sublime no nascimento".

A visita sistêmica do segundo mês revelou uma doença rara, letal: a osteopetrose. A senhora B. não podia impedir-se de relacionar a morte de seu pai, seu sonho e a doença de sua filha. Ela foi convencida por esse sonho banal de sua culpabilidade edipiana. Sua filha primogênita de quatro anos é compatível com Marie e será sua doadora. A senhora B. expressa sua alegria aos prantos: "Com nosso azar atual, depois que eu soube que Gaëlle é a doadora, eu não durmo mais". O pai retoma o termo "azar", a mãe chora enfatizando o azar, o pai lhe pega a mão e diz: "Sim, meu pai está hospitalizado por um câncer generalizado... o carro está estragado... existem acidentes anestésicos... a televisão explodiu..." Ele também está sensibilizado pelo

*Ressonância psicológica de uma transplante medular quando o doador
e o receptor são irmãos e irmãs*

sonho, que retoma por sua conta. Para eles, o peso do destino torna o risco anestésico inevitável.

Raphaël tem oito meses. Acometido da doença de Wiskott-Aldrich, de origem genética ligada ao cromossomo X, vai ser enxertado com a medula de sua irmã Carine, de quatro anos de idade. Sua mãe nos diz: "Quando eu soube que Carine era compatível, eu não vivia mais". Ela foi abandonada por sua própria mãe, transmissora da doença. A mãe está sob o peso da culpa e completamente identificada à sua filha, que poderá ser, como ela, vetora da doença. Durante dias e dias, ela temeu pela doação de medula, e conta um sonho que se repetiu muitas vezes: "Retiravam a medula de minha filha uma, duas e na terceira vez eu gritei: Pare, eu prefiro que Raphaël morra!" Ela diz ter confiado a seu marido e a um amigo que os hospedava a interpretação de seu sonho: "Isso quer dizer que Raphaël vai ser curado".

Os doadores

Nós somos frequentemente pegos em ciladas por crianças de menos de três anos particularmente avançadas quanto ao desenvolvimento da linguagem. "Eu me pergunto se poderia ter compreendido melhor isso que vocês me disseram ontem à tarde", disse-me um garotinho de 26 meses. Perante uma criança que fala dessa forma, existe o risco de adaptar nossa resposta ao nível de sua linguagem, e não ao nível de sua idade afetiva. Ou seja, de sua capacidade defensiva de receber uma informação, de integrá-la e retomá-la por si só. Como profissionais da infância, devemos estar extremamente atentos a isso. Temos observado com admiração a adaptação perfeita de três pequenas crianças à doação de medula, à hospitalização e ao esquecimento do que se passou. Tudo vai bem, mas, distanciando-se do acontecimento, aparecem os distúrbios do comportamento. Basile, de seis anos, conta que por meses seus pais se ocuparam de seu irmão e, de repente, pelo fato de ele ser doador, lembraram-se de sua existência. Ninguém se preocupava em saber quantas vezes ele havia retirado amostras, se isso lhe fazia mal, se ele tinha medo da anestesia.

> Eu fui e ainda sou uma medula compatível, nenhum médico, exceto o doutor D., falou comigo e não de mim... Quanto a Jeremie, ele não está nem aí... Eu tenho medo, tenho vontade de chorar, queria que minha mãe estivesse em casa... Ela nunca esta lá... Eu não posso reclamar, porque papai me diz que sou um porco egoísta, que Jeremie está muito doente e eu devo salvá-lo...

Gustavo, do alto de seus quatro anos e meio, tem medo que nós lhe serremos os ossos para extrair a medula; ele não formula a questão dessa maneira, mas pega na caixa de brinquedos o bebê-porco. "Ele está doente, não, ele não está doente, é este aqui que está doente", diz ele, designando um cachorro. Ele pega o bebê-porco, deita-o sobre a mesa e, com um lápis, que ele acaba de transformar em serra, explica que vai serrar o porco para pegar sua medula e dar ao cachorro, que assim vai curar-se. Quando sugerimos que o porco tem muito medo e que ele não quer dar sua medula, seu rosto brilha de reconhecimento e de gratidão. Ele pega o porco e diz: "Você vê, eu bem que lhe disse. Você não fala, mas eu, eu mesmo, posso falar à senhora". Então, chega uma onda de questões. A medula nasce de novo? Nós não vamos esvaziá-la? Será como antes, ou seja, com seus braços e suas pernas? Ele associa essa situação ao fato de não gostar de ir ao açougueiro com sua mãe. Depois que ele viu o médico, sonha cada noite com o açougueiro, aquele que afia sua faca. Ele tem muito medo.

Pierre, de seis anos, está horrorizado pelas amostras de sangue. Sua mãe nos disse que, depois que sua irmã foi hospitalizada, ele se recusa a sair no pátio e participar das brincadeiras coletivas com outras crianças de seu prédio. E, no entanto, era impossível fazê-lo entrar à noite. Desde a entrevista e depois de um desenho de sua irmã doente, em que ambos estão cheios de bichinhos, ele confessa seu medo de pegar, pelo sangue, a doença de sua irmã. Se ele não sai mais, é para não se ferir.

O diálogo de Jean-Baptiste com uma colega, ao final de uma retirada de medula, ilustra também o peso de tal doação para uma criança de seis anos:

– O que é que lhe fizeram?
– Uma retirada de sangue, e eu dei minha medula a Gérard.
– Perguntaram se você estava de acordo?
– Sim, e eu disse "sim".
– O que você pensou nesse momento?
– Que eu deveria fazer isso para salvar meu irmão.
– O que será que teria acontecido se não fizéssemos esse enxerto?
– Bem... Gérard estaria morrendo ou já estaria morto [ele chora].
– Você já doou sua medula?
– Sim, eu lhe dei uma primeira, uma segunda e uma terceira vez.
– Por que três vezes?

*Ressonância psicológica de uma transplante medular quando o doador
e o receptor são irmãos e irmãs*

– Porque da primeira vez não funcionou, da segunda também não e da terceira, não sabemos ainda.
– O que aconteceu a Gérard?
– Ele estava muito cansado.
– Você acabou de ter uma terceira retirada de medula?
– Sim, e é a última.
– O que lhe disseram?
– Que se não funcionar desta vez, ele vai morrer.
– Do seu ponto de vista, por que não funcionou?
– É minha medula que não é boa.
– Por que você pensa que ela não é boa?
– Ela não funciona no corpo dele [ele chora].

A psicóloga retoma:
– Sua medula não funciona no corpo dele, mas ela é boa para você. Não é sua medula que é ruim. Você pensou que fosse responsável?
[Silêncio. Jean-Baptiste chora]
– Por que você se sente responsável?
– Porque fui eu quem lhe dei a medula.
– Você pensa muito sobre isso?
– Sim, e tenho pesadelos. Nos meus pesadelos, Gérard morre na sua bolha, ele corre, asfixia-se na bolha, e depois eu só choro. Eu acordo, chamo papai e mamãe, e eles me dizem que eu não devo preocupar-me com isso.
– Você fala na escola?
– Sim, às vezes eu digo a meus colegas: nós tentamos ainda uma segunda vez, uma terceira vez, e depois disso, se não funcionar, pode ser que ele morra. E eles me disseram que se tentarmos de novo, eu não terei mais medula.
– O que é que você pensa?
– Eu digo que em alguns dias eu terei uma medula de novo.

Mireille recusa a retirada de maneira espetacular. Ela fecha as orelhas, recusa-se a escutar, rola pelo chão e grita se nos aproximamos. Durante a entrevista, ela me explica que quer ajudar Sébastien, mas ela não quer que a toquemos. Ela expressa seu medo de ser agredida e mutilada, de ficar como seu irmão e de que encontremos em seu sangue a mesma coisa que no dele.

Caroline é doadora de Christophe:

Eu estava contente por ser a doadora. Isso não era nada perto de tudo o que se passou. Eu não queria decepcioná-los. E não é nada mesmo: dois dias de hospitalização. Depois isso não fará mais mal do que certas contusões de ginástica, eu recomeçarei isso centenas de vezes, é uma experiência. É como ir à escola pela primeira vez. Num certo sentido, agora somos mais livres, prestamos mais atenção para que Christophe não se machuque. Ele faz aquilo que quer, e nós aproveitamos mais, enfim, eu espero não pegar essa doença.

Os adolescentes

Quando lhe perguntávamos o que ele sente em relação ao enxerto, Fabien, de dezesseis anos de idade, expressa-se assim:

> Eu me sinto útil... Não coloquei ainda na cabeça que vou salvar alguém.... Eu não acredito... Imagino este dia... Antes da recaída, eu pensava que ele seria salvo... Sim, esta doação vai modificar minhas relações no plano interior, não no exterior, pois Dominique tem treze anos, e cada vez que eu tento falar com ele, ele brinca... Mas eu sei que se eu conseguir falar com ele, isso mudará muito as coisas para ele e para mim... Haverá ainda mais amizade entre nós... É difícil falar disso como doador... É uma marca de orgulho... Isso me faz bem, sinto-me eficiente por ser o único na família... Eu teria ciúmes se minha irmã fosse compatível, mesmo existindo um risco... Medo de... Quando eu voltei da escola, meu pai me disse que agora conta apenas comigo... Desde o começo da doença, eu sabia que seria doador... Eu esperava certo reconhecimento... Quando eu vou vê-lo, ele tem lágrimas nos olhos... Eu tenho vontade de estar o tempo todo aqui... Não tenho ilusões... Não lhe direi: eu lhe dei a vida... Não farei nenhuma chantagem...

Dominique morreu quinze dias após o enxerto.

Fabien não foi visto após o falecimento de seu irmão. Ele passou brilhantemente no liceu e foi admitido em uma classe preparatória. Seus pais eram agricultores, ele se instalou em uma vila e é militante de uma associação de luta contra AIDS.

Jeanne tem dezessete anos. Ela é a primogênita de cinco filhos. É Danielle, a mais nova, quem está doente, acometida de uma leucemia, e teve uma recaída. A compatibilidade das duas irmãs permitiu que se fizesse um enxerto de medula.

Ao curso de uma entrevista alguns dias antes do enxerto, Jeanne expressa sua satisfação "de ser útil à sua irmã, de ser sua salvadora, de lhe dar a vida, de reparar um mal que lhe fizeram". É uma marca de orgulho que lhe faz bem, que lhe dá mais força. No momento da confirmação da recaída medular, seu pai lhe tinha dito: "Agora, nós contamos apenas com você". O enxerto transformou-se em uma epopeia, e tinha a seus olhos um valor imensurável. A angústia de submeter-se à retirada, a uma anestesia geral e aos riscos é racional, nas considerações de ordem moral. Contou que, para ela, seu pai representa um personagem longínquo, que admira e teme ao mesmo tempo, certa de que não havia nada nela a se repreender, visto que ia muito bem na escola. Ele a fez vir uma noite à sala e fechou a porta atrás dela. Depois de lhe oferecer o sofá reservado à avó, no qual ninguém tinha o direito de se sentar, ele lhe disse de maneira solene que lhe confiava uma missão, a de salvar sua irmã, aceitando doar sua medula.

Jeanne estava transtornada, dizia ela, não pela medula, mas pela demanda privilegiada que lhe expôs seu pai. Ele dá o significado de ser ela o único recurso e a encarregou de uma missão muito pesada sob o ponto de vista afetivo. Ela, aos prantos, emite um: "Sim, é claro". Ela queria que seu pai a pegasse em seus braços e a abraçasse, mas ele não o fez. Ela está zangada com ele, pois pensa que, nesse momento, tem a mesma importância que sua mãe, já que suas próprias células vão dar a vida a sua irmã. Em plena adolescência, ela se encontra presa no fantasma de ser a mãe de sua irmã. "Com esta doação", diz ela, "minha vida será plena e fecunda". Será que é porque sente o perigo da emergência dessas emoções na filha que o pai fica imóvel? Ela conta que ficou chocada com a reação de sua irmã ao anúncio da novidade: "Ah, é?!" Ela esperava manifestações de reconhecimento confirmando o valor da doação.

Mas Danielle tem um comportamento habitual. Dizendo que é melhor assim, Jeanne retoma sua linha fantasmática. Ela pensa que se estabeleceu, entre sua irmã e ela, alguma coisa muito profunda, um vínculo privilegiado, da ordem do indizível, ao menos para Danielle.

Cada um ressente o que o outro ressente e pensa o que o outro pensa. Jeanne criou uma identidade, uma "gemelaridade", que, segundo ela, existirá mesmo que aparentemente tudo volte ao normal e se perpetue: "Eu farei o melhor de mim para que tudo seja como antes, sabendo que nada mais será igual, mas que devemos fazer como se fosse".

No decorrer de outra entrevista, ela fala do contentamento de sua irmã, que pensa ter, após o enxerto, seus cabelos louros e seus bons resultados em matemática! Ela recusa, por outro lado, seu mau caráter!

Danielle saiu da unidade reconstituída, mas dois anos depois teve uma recaída da doença e faleceu. O dom de vida transformou-se em dom de morte. Eu fiquei em contato com Jeanne. Seu pai mudou-se para o oeste da França, e a família foi encontrá-lo algumas semanas mais tarde. Jeanne aceitou vir ver-me para falar de Danielle:

> Eu a amei como uma filha, mais que minha mãe, tenho certeza. Minha mãe não chorou no momento em que ela morreu. Eu fiquei deitada ao lado dela e me recusei a deixá-la só, mesmo quando ela estava fria. Foi meu pai que veio procurar-me. Ele se sentou ao meu lado e me lembrou de nossa conversa quando me pediu para aceitar doar minha medula. Ele me disse que eu já tinha dado tudo a Danielle, já que a medula é a essência de nosso corpo e de nossa alma, e se Danielle estava morta era porque a sorte ou Deus tinha decidido. Mas para ele eu continuava sendo a salvadora de Danielle. Isso me fez muito bem, tê-lo ouvido dizer algo como isso antes de Danielle voltar para casa.

Depois, Jeanne engajou-se nos estudos de medicina. Agora quer ser pediatra para cuidar de crianças. Ela vem ver-me regularmente para, diz ela, avançar um pouco em seu questionamento sobre a vida e a morte.

Os receptores

Gérard, o receptor da medula de Jean-Baptiste:
– Seu irmão lhe deu sua medula?
– Sim, a primeira vez eu me preocupei, porque desde que me deram a medula de Jean-Baptiste eu comecei a tremer como um louco.
– É a medula de Jean-Baptiste que provocou esse estado?
– Sim, e depois eu vomitei a noite toda. Mas eu prefiro receber a medula de Jean-Baptiste, pois o outro, David, é raivoso, e ele me teria passado uma medula enraivecida.

Foi preciso vários dias para compreender a mudança de humor de Cristophe, um adolescente de quinze anos, no lugar de receber a medula de sua irmã. Depois que ele estava sob o fluxo laminário, o enfermeiro, que tem uma relação privilegiada com esse adolescente muito suscetível, não compreendia o que lhe acontecia.

Foi falando com o enfermeiro sobre suas insônias que contou um pesadelo que o perseguia. Em seu pesadelo, ele voltava para sua casa, toda sua família o esperava, como nas fotografias antigas, seu avô e sua avó, no centro, sobre as escadas na frente da casa. Ele sai do carro, escuta um barulho de gargalhadas, todos se torcem de rir apontando-lhe o dedo. Ele não compreende o que dizem. Mas tem a impressão de escutar: "É uma menina". Ele então se olha e percebe que está de saia, de sapatos de salto alto, no vidro do carro vê seu rosto rodeado de cabelos longos. Ele acordou nadando em suor.

Ele tinha, portanto, compreendido perfeitamente o processo de enxerto de medula segundo o que o médico lhe havia explicado. Mas a angústia abriu a comporta, e uma massa de fantasmas apareceu e deixou seu psiquismo em estado de choque.

Christophe acha normal que sua irmã lhe dê sua medula.

> Eu me informei, isso não tem gravidade para ela. Agora eu posso jogar futebol, antes isso não era possível. Eu estou doente desde os quatro anos de idade; eu tinha dor de barriga, dor de cabeça, otites e, quanto mais eu crescia, mais eu ficava doente e menos sangue eu tinha. Eu acordava às vezes à noite e podia sangrar durante três ou quatro horas. Eu faltei muito na escola, mas como eu tinha facilidade, recuperei tudo. O enxerto não me fez mais do que se vocês recebessem água ou sangue, é um frasco e, depois de alguns dias, sentimo-nos muito melhor.

Os esquecidos

Foi César, de oito anos de idade, que primeiro nos interpelou:

> Faz quatro anos que me esqueceram, eu não sirvo para nada. David está doente, Lucie deu sua medula, ela se faz interessante, ela tem tudo o que quer ao ameaçar não dar a medula ou dizer que não se sente bem. Para mim, ninguém liga. Eles se esqueceram do meu aniversário, iam esquecer as férias, felizmente minha professora se interessa por mim. Ela me fez trabalhar. Seu filho está na minha classe, então eu estou o tempo todo na casa dele.

Philippe outorgou-se o papel de dono de casa. Ele tinha doze anos quando seu irmão Frédéric ficou doente e foi descoberto que uma de suas duas irmãs sofria da mesma doença. Jeanne é compatível com Frédéric, mas Gisèle e eles são diferentes, ou seja, incompatíveis. Depois, ele tentou ajudar seus pais. Desde a hospitalização de Frédéric para o enxerto, ele está frequentemente sozinho ocupando-se de Gisèle. Ele olha por ela, pela casa, faz compras, limpeza, arruma as camas, prepara o café da manhã etc. No início, sua mãe sentia-se um pouco incomodada, mas muito rapidamente ela aceitou a situação, interpretando-a como o desejo de seu filho de servir para algo e, assim, ajudar lhes.

****

Este material, atravessado por uma intensa emoção, traz um novo esclarecimento sobre as relações fraternas. Ele nos mostra as capacidades defensivas das crianças em função de sua idade, mas também a interrogação ansiosa dos adolescentes, que lhes reenviam as dificuldades de identificação em serem doadores, receptores ou esquecidos.

O que pareceu importante para os doadores, entretanto, é sua preocupação, seu interesse muito particular pelo receptor. Ele é tomado em uma espiral fantasmática na qual se inscreve a vida, a morte, o amor, a raiva, a sexualidade, a culpabilidade, a angústia de castração, a onipotência, a idealização, a negação. Todos se sentem, qualquer que seja sua idade e seu lugar na fratria e em sua história familiar, responsáveis por uma missão que lhes foi confiada: aquela de salvador, de doador de vida.

Por outro lado, a medula vincula um simbolismo que se compara ao "laço de sangue" e engendra os fantasmas da "gemelaridade", da gravidez, da passagem de qualidades ou de defeitos do doador ao receptor. "Eu sou um morto-vivo, ou melhor, um morto-vivendo", disse um adolescente, falando das células de sua irmã. Ele tem medo de ser transformado em menina. O doador, ele mesmo, é pego no fantasma da "gemelaridade", temendo vir a ser como o receptor, ou seja, doente com risco de morrer.

O termo do processo de enxerto é sempre acompanhado de profundos remanejamentos de todo o funcionamento familiar. É claro, o alívio e a alegria existem, mas a incerteza ansiosa que lhes precede e o encadeamento de todas as dificuldades fazem com que a ambivalência caracterize as reações parentais.

E isso acontece em um clima de grande vulnerabilidade. O estatuto de cada um na família foi modificado durante a doença. A criança doente focalizou a angústia, e a exposição do doador exacerbou os sentimentos de ambivalência. Seu papel de agressor não deve ser subestimado. Ele ameaçou os que o amavam de ruptura e de sofrimento. Isso solicitará da família uma capacidade de assumir a violência dos sentimentos de agressividade, de culpabilidade, de ciúmes, de ambivalência.

Será preciso modificar os estatutos de cada um na família. Não é fácil abandonar seu papel de doente, e é mais difícil ainda para o doador abandonar o papel de salvador e de onipotente. Somente *o esquecido* encontra seu lugar e seu estatuto anterior. Nem herói, nem doente, ele não será um antigo combatente merecedor, mas pode ser que escape dos efeitos devastadores do desinvestimento e da repulsa que fazem sofrer tanto os salvadores após sua missão cumprida.

Este trabalho questiona mais do que dá respostas. Ele nos faz refletir sobre o preço psíquico a pagar por essas crianças no mundo, onde as proezas da biologia molecular evocam o poder das bruxas. Mas as bruxas vivem em um mundo sobrenatural, sem sofrimento e luto. Ora, o transplante medular, por ordem de seu processo miraculoso, provoca nos pais um curto-circuito em certos processos psíquicos e notadamente no trabalho de luto.

Referências bibliográficas

DERMATIS, L. H. Psychological distress in parents consenting to child's bone marrow transplantation. *Bone Marrow Transplant*, v. 6, n. 6, p. 411-417, 1990.

WEIL-HALPERN, F. *Oubliés des fées*. Paris: Calman-Levy, 1991.

_____.; GRISCELLI, C. Les enfants atteints de déficit immunitaire, confinés en bulle et leur famille. *Neuropsychiatrie de l'Enfance et de l'adolescence*, v. 33, n. 10, p. 427-434, 1985.

_____.; LEBOVICI, S.; GRISCELLI, C. De l'influence du psychisme dans la transmission biologique". In: *Neuropsychiatrie de l'Enfance et de l'adolescence*, v. 33, n. 2-3, p. 121-128, 1985.

_____.; RAPPOPORT, D.; GRISCELLI, C. Les bébés-bulles. *Neuropsychiatrie de l'Enfance et de l'adolescence*, 24:500, 1981.

Representações sociais de um hospital oncológico

Ana Claudia Nunes de Souza Wanderbroocke[1]

O câncer é comumente associado a sofrimento, morte e perdas decorrentes do processo de tratamento. Quando se fala em paciente com câncer, muitas questões e perdas surgem, estendem-se e entrelaçam-se, atingindo as esferas social, econômica, orgânica, psicológica, cultural e ética.

Dessa forma, supõe-se que um hospital especializado nessa enfermidade carregue o estigma da doença de que trata, podendo gerar nas pessoas em processo de diagnóstico e tratamento uma série de fantasias e preconceitos advindos de sua representação.

Segundo Minayo (1998), as representações sociais são categorias de pensamento, de ação e de sentimento que expressam a realidade, procurando explicá-la e questioná-la a fim de justificá-la. Durkheim, citado pela autora, explica que as representações traduzem a forma como um grupo pensa suas relações com os objetos que o influenciam. E para compreender melhor como a sociedade se representa, é necessário considerar a natureza social, e não apenas a individual.

Citando Max Weber, Minayo (1998) sugere, ainda, que a vida social consiste na conduta cotidiana dos indivíduos, sendo esta carregada de significação cultural. Tais concepções do real têm uma dinâmica própria, pois possuem núcleos positivos transformadores e de resistência na forma de conceber a realidade. Nela estão presentes elementos tanto de dominação como de resistência, tanto de contradições e conflitos como de conformismo.

---

[1] Mestre em Psicologia Clínica pela PUC-SP. Especialista em Psicossocio-Oncologia e Cuidados Paliativos. Psicoterapeuta sistêmica. Docente do curso de Psicologia da Universidade Tuiuti do Paraná e da Faculdade Dom Bosco. Atuou como psicóloga clínica no Hospital Erasto Gaertner.

Jodelet (*in* Spink, 1995, p. 86) afirma que as representações designam um conjunto de fenômenos, uma forma específica de conhecimento, o saber do senso comum, ou seja, designa amplamente uma forma de pensamento social.

Para tanto, no senso comum, o câncer tornou-se um estigma, algo que inspira medos, receios e ansiedades quando se fala a respeito. Kübler-Ross (1981) diz que o simples fato de um paciente ser informado de que tem um câncer já o conscientiza de sua possível morte, relacionando-o a um tumor maligno, a uma doença fatal, encarando câncer e morte como sinônimos. Sontag (1984) observa que é imprescindível perceber a questão do estigma, de que os pacientes com câncer são vistos como pessoas que vão morrer por conta de sua doença.

Sontag (1984) afirma que, historicamente, o câncer vem sendo associado a experiências malditas e servindo como metáfora para diversas ordens de infortúnios físicos, mentais e sociais. Frequentemente, somos lembrados dos diferentes tipos de câncer sociais. A violência, a desintegração familiar, o uso de drogas e a corrupção têm sido referidos como perturbadores da ordem e, consequentemente, denominados como um tipo de câncer.

A autora ainda observa que o câncer tem sido visto como uma doença cruel, intratável e misteriosa. Por ser algo que ataca, invade o corpo, seu tratamento tem sido pensado como um contra-ataque, fazendo que, muitas vezes, a doença seja vista como algo pior do que é. No tratamento, costumam-se usar metáforas tiradas da linguagem militar. Assim, a radioterapia é o bombardeamento com raios tóxicos, e a quimioterapia objetiva matar as células cancerosas.

Skaba (2001) coloca que o câncer tem um lugar privilegiado nesse "lado sombrio da vida", sendo frequentemente interpretado como uma doença insidiosa e arrogante, que transforma a vida das pessoas acometidas por ela.

Françoso (1993) analisa as repercussões do significado emprestado ao câncer e sublinha que a representação da doença faz com que o adulto desenvolva um processo de luto antecipatório, pela incerteza e pelo desinvestimento da vida. Portanto, antecipa a possibilidade de perda por morte. Sob essa perspectiva, sua cura é concebida como um milagre, e não como fenômeno possível de ocorrer em virtude dos avanços da área médica. Por conseguinte, a cura, como realidade, ainda não foi incorporada ao repertório cultural.

Junto à dimensão psicológica, há questões sociais que devem ser apontadas no debate em vigor. Silva e Mamede (1998) observam que, diante do enfrentamento da situação, os portadores de câncer fazem um movimento de organização de seus relacionamentos sociais, que podem ser constituídos por uma rede de pessoas, envolvendo família, amigos, profissionais de saúde e grupos de apoio. Para esses autores, essas relações dão suporte, facilitando, ou não, o estabelecimento de laços afetivos e sociais indispensáveis ao enfrentamento das situações dificultosas.

Em face desse imaginário social, a abordagem do câncer envolve sentimentos difíceis de serem administrados, tanto por parte dos profissionais como por parte das pessoas em geral. Medo da dor, resignação diante da percepção de que sua doença terá um desfecho fatal e a negação de que a própria doença existe são alguns dos aspectos emocionais que envolvem toda a trajetória de ser portador de câncer.

Neste capítulo, pretende-se levantar dados referentes à representação social de um hospital especializado no tratamento do câncer para os pacientes e seus familiares e a maneira como essa representação se relaciona com o processo de diagnóstico e tratamento. Os dados aqui apresentados baseiam-se em uma pesquisa realizada em campo.

Inicialmente, foi perguntado aos participantes sobre a imagem que tinham da instituição antes de serem encaminhados para o tratamento ou acompanharem o tratamento de um parente. Para esse momento inicial, as referências divergem entre aqueles que não tinham conhecimento a respeito de sua especificidade e os que já conheciam sua especialidade. Entre os primeiros, a imagem é de um lugar onde se pode buscar a cura, onde se encontram os especialistas e as terapêuticas esperadas para aplacar o sofrimento.

"Imaginava um hospital bom, com recursos para resolver meu problema". O lugar e as pessoas que nele trabalham costumam ser valorizados, como se deixasse de ser um lugar comum para ser um lugar especial na imaginação de quem busca auxílio à saúde. "Eu ouvia dizer que aqui tinha os melhores médicos e aparelhagem de primeira, diferente de lá onde moro, onde o hospital é precário".

Já o segundo grupo pensava na instituição como se fizesse referência à própria doença, atribuindo a esta toda a representação social do câncer como doença geradora de dor, sofrimento, deformidades físicas e morte. Doença e instituição configuravam uma coisa só.

Eu tinha medo. Quando passava perto, imaginava que aqui dentro devia ser horrível. Imaginava que deveria ser horrível a convivência com os pacientes. Horrível de ver as pessoas sofrendo, muito sofrimento.

A imagem que as pessoas têm é de que daqui vão para o cemitério, sem chances.

Eu ficava preocupada que eu iria ver várias coisas que eu nunca tinha visto. Imaginava coisa que não existe, achava que iria encontrar só gente deformada.

É o hospital do terror, das aberrações. Estou indo lá para o hospital das aberrações [ao receber o encaminhamento].

Algumas pessoas também falaram que imaginavam o hospital como um lugar para se fazer caridade, e da curiosidade em ver as crianças em tratamento, em razão das campanhas publicitárias veiculadas na mídia.

Ambas as colocações denotam uma relação de outra natureza com o hospital, e que, no momento do encaminhamento da pessoa como paciente, há choque e estranheza. "Nunca imaginei entrar aqui como paciente". Em seguida, buscou-se entender se, a pessoa frequentando o hospital para tratar-se ou acompanhar o paciente, a representação inicial permaneceria ou se e como seria transformada. Entre aqueles que não possuíam conhecimento da especialidade do hospital, bem como de sua doença, os primeiros momentos caracterizam-se pela vivência do diagnóstico, seja pelo processo clínico (exames e consultas), seja pela convivência e interação com os demais usuários. "Eu fiquei emocionada quando o doutor falou que eu tinha câncer, fiquei muito emocionada. Depois ele disse que várias pessoas têm, não sou só eu e que para isso tem cura". O conhecimento prévio da especialidade do hospital é uma forma de ter o diagnóstico antecipado ou, se não a certeza, a suspeita. Esse conhecimento, porém, também antecipa as representações, conforme descrito anteriormente, fazendo do momento inicial do tratamento o momento de ambientação à instituição, ainda repleto de angústia. Momento em que se busca confirmar ou refutar as ideias e representações anteriores. "Quando a gente chega aqui, vê que é uma coisa totalmente diferente daquilo que pensou. Achava que encontraria pessoas deformadas, porém, após o internamento, percebi que tem pessoas perfeitas!" Nesse momento, as pessoas podem receber informações que auxiliam tanto a dar um sentido para a experiência pessoal quanto para compreender a doença e o sofrimento humanos.

Quando eu vim para começar a quimioterapia, eles me pintaram um bicho de sete cabeças, e eu vi que não é um bicho de sete cabeças. Hoje eu entendo que existem vários tipos diferentes de câncer, antes achava que todos iriam morrer.

Passar a frequentar um hospital especializado dificilmente poupa as pessoas em tratamento do processo de identificação. Mesmo sendo o câncer uma doença com evoluções e prognósticos tão distintos de pessoa para pessoa, ver outros pacientes em pior estado traz à tona a possibilidade de a pessoa também viver aquela situação. "Ao ver aquelas pessoas tão fraquinhas, ficava imaginando meu pai e o que viria pela frente". Isso ocorre por um processo de generalização comum entre as pessoas que passam por uma situação considerada semelhante, e, nessa generalização, parece haver a atribuição das categorias "melhor" ou "pior". Ver pessoas com um comprometimento físico aparente considerado "maior" funciona, algumas vezes, como um facilitador quando a pessoa doente se conforma por não estar tão mal ou não ser sua situação a mais grave. "Eu achava que a minha irmã já estava ruim, mas, ao chegar aqui, vi gente ainda pior, daí eu penso 'ainda bem que o câncer dela não é dos piores!'" Na sequência, percebe-se que os usuários precisam enfrentar uma certa ambivalência em relação à instituição. Se, por um lado, é um lugar indesejável, que confronta a pessoa com uma realidade que se busca evitar, na qual existe sofrimento, alterações físicas e a possibilidade da morte, por outro, também é o lugar do tratamento, de receber assistência, de tentar a cura. Como conciliar a permanência em um lugar não desejado, mas que pode oferecer aquilo que se busca? "O hospital é maravilhoso. A única coisa que eu nunca pensei é que tinha tanta criança internada por causa do câncer. Eu fiquei assustada..."

Uma saída para esse impasse é a ressignificação da doença e do processo de tratamento. Kübler-Ross (1981) foi uma das pioneiras a demonstrar as etapas do processo pelo qual tanto pacientes como familiares passam ao se confrontarem com uma doença grave ou terminal. Jodelet (*in* Spink, 1995, p. 88) fala da possibilidade de integração cognitiva do objeto representado a um sistema de pensamento social preexistente e das transformações implicadas nesse processo. Ou seja, as representações já disponíveis podem funcionar também como sistemas de acolhimento de novas representações.

É como se essas novas representações operassem como novas lentes de leitura da realidade, possibilitando a permanência na instituição, que passa a ser vista, então, pelo que ali é produzido, por como as pessoas são tratadas, pelo calor humano, pelas interações possíveis. O foco antes centralizado nas perdas sofridas e na morte é ampliado pelo foco nas possibilidades, nos ganhos.

> As pessoas aqui são muito preparadas para trabalhar com o doente. A gente vê em outros hospitais que eles não têm paciência, falta alguma coisa, aqui, não.

> Eu sempre tenho dito para muita gente onde moro que não posso me queixar uma nadinha do pessoal aqui dentro e do tratamento recebido.
>
> Aproveito para fazer amizade com pessoas, porque quando você está sozinha, você quer alguém para conversar, então você acaba formando muita amizade aqui dentro.

O processo de elaboração da doença opera a transformação na leitura da instituição, tornando possível aos usuários perceberem e separarem as representações do que é hospital e do que é câncer. Assim, passam a se referir ao hospital como local de tratamento e de possibilidade de se obter a cura para a doença ou, no caso de ela não ser mais vista como possível, como lugar de receber atendimento enquanto há vida.

> Não é o hospital que choca, é a palavra "câncer". Poderia ser qualquer nome de hospital que isso não iria pesar na balança, o que pesa é a palavra "câncer". As pessoas já acham que você está condenada à morte. Elas não procuram saber como é o hospital, o funcionamento, o dia a dia. As pessoas têm pavor do câncer.
>
> Conversando com o povo de lá, vejo que tem muito preconceito contra o hospital, eles não têm conhecimento de que trabalho bonito é feito aqui.

O oposto também parece ser verdadeiro: quando paciente e familiares não avançam no processo de elaboração da doença, o significado atribuído a ela é transferido para a instituição. "Cada vez que eu começo a pensar em vir para o hospital, parece que fico mais doente", ou, ainda, "Quando eu vou embora, parece que eu saro."

Sendo assim, as representações sociais acerca de uma instituição especializada em oncologia mantêm-se de forma recursiva, ou seja, as representações daquilo que foi vivenciado em virtude da doença são comunicadas como experiência em determinado contexto. As pessoas desse mesmo contexto, sujeitas às representações coletivas, incorporam imagens, símbolos, opiniões. Quando expostas às mesmas experiências, no caso o hospital oncológico, tanto reproduzem como descobrem e constroem novas representações, que serão comunicadas nas interações interpessoais.

As representações sociais acerca do hospital oncológico podem ser determinantes para o engajamento ou não no processo de tratamento. "Até minha família não queria que eu viesse, diziam que os que tratavam aqui morriam todos." Podem ser geradoras de angústia e fazer que a pessoa retarde a busca pelo tratamento por causa do medo da doença e do que terá de enfrentar. "Muita gente deixa a doença crescer e ficar mal para daí procurar, depois falam que morreu por causa do hospital, mas foi porque não tratou." As representações também estão vinculadas ao preconceito, pela falta de informação atualizada, podendo gerar a exclusão e o sentimento de solidão em quem passa pelo tratamento. "Ainda tem muita gente que acha que câncer pega. No ônibus aqui da frente a gente vê que alguns trocam de lugar para não sentar ao lado de paciente." Há ainda as representações transformadas em crenças, que podem levar o paciente à desistência por não acreditar na possibilidade de recuperação.

Considerações finais

Enquanto o câncer continuar a ser a causa de mortes e alterações de qualquer natureza – que são geradores de sofrimento –, suas representações sociais também tenderão a ser negativas. Elas são ferramentas de entendimento do senso comum e sofrem modificações na medida em que há interação pela linguagem. As vivências em relação à doença e ao tratamento são comunicadas, formando ou confirmando as representações em um processo recursivo.

Conhecer as representações sociais acerca do câncer e de uma instituição oncológica possibilita uma maior aproximação àquilo que tanto os pacientes quanto seus familiares podem enfrentar desde o momento do diagnóstico e durante o processo de tratamento. O trabalho do psicólogo pode ajudar no sentido de possibilitar a elaboração, tanto por parte dos pacientes quanto dos familiares, do processo de adoecimento e suas consequências. Quanto mais esse processo tiver avançado, maiores serão as possibilidades de que o espaço hospitalar seja visto diferentemente das qualidades atribuídas à doença.

Cabe aos demais profissionais da área da saúde também investirem nessa questão, que pode ser trabalhada tanto dentro do contexto hospitalar como no social, por meio de informações veiculadas na mídia sobre o hospital e a doença, aproximando o público leigo do assunto e criando espaços para reflexão e questionamentos.

Referências bibliográficas

BARDIN, L. *Análise de conteúdo*. Lisboa: Edições 70, 1977.

FRANÇOSO, L. P. C. *Enfermagem*: imagens e significados do câncer infantil. Dissertação (Mestrado em Enfermagem e Saúde Pública). Escola de Enfermagem de Ribeirão Preto, Universidade de São Paulo, Ribeirão Preto, 1993.

KÜBLER-ROSS, E. *Sobre a morte e o morrer*. São Paulo: Martins Fontes, 1981.

MINAYO, M. C. S. *O desafio do conhecimento*: pesquisa qualitativa em saúde. Rio de Janeiro: Hucitec-Abrasco, 1998.

SKABA, M. M. V. F. *As representações sociais e sua utilização como instrumental para a compreensão do processo de adoecimento: o caso da oncologia*. Rio de Janeiro: Pós-Graduação em Saúde da Criança e da Mulher, Instituto Fernandes Figueira, Fundação Oswaldo Cruz, 2001.

SILVA, R. M.; MAMEDE, M. V. *Conviver com a mastectomia*. Fortaleza: Editora da Universidade Federal do Ceará, 1998.

SONTAG, S. A. *Doença como metáfora*. Rio de Janeiro: Graal, 1984.

SPINK, M. J. (Org.). *O conhecimento no cotidiano*: as representações sociais na perspectiva da psicologia social. São Paulo: Brasiliense, 1995.

TRIVIÑOS, A. N. S. *Introdução à pesquisa em ciências sociais*. A pesquisa qualitativa em educação. São Paulo: Atlas, 1987.

O adolescente e o câncer[1]

Andrea Silvana Rossi[2]

A infância e a adolescência são instâncias do imaginário social que, a partir da modernização dos costumes, passaram a ser representadas como um ideal social. As crianças remetem a um momento da vida miticamente feliz, de inocência e paz, sem responsabilidades, preocupações, correrias e estresses do dia a dia.

É a idade de ouro, a "primavera da vida", aquela época que muitos adultos gostariam de retomar. Portanto, a infância torna-se uma presença sedutora. Mas, depois da primavera, vem o "verão"[3], e as crianças sempre protegidas e admiradas passam a ser também portadoras de desejos, vontades, prazeres e de um corpo praticamente adulto: tornam-se adolescentes.

Essa condição possibilita que o adulto se equipare ao jovem e se identifique com ele. No momento em que o jovem precisa encontrar referências identificatórias nos adultos, que auxiliariam na resolução da crise da adolescência, o jovem constata que ele mesmo representa um ideal de identificação. Essa inversão de posições entre adultos e adolescentes, frequente na atualidade, decorre do processo de modernização dos costumes, que se caracteriza por uma descontinuidade em relação à gama de culturas e modos de vida pré-modernos.

---

[1] Este capítulo foi escrito a partir das reflexões de uma pesquisa mais ampla desenvolvida no curso de mestrado em história pela UFPR e culminou com a dissertação intitulada *Entre a vida e a morte: experiências de jovens com o câncer*. A pesquisa foi motivada pela escuta de doentes com câncer e seus familiares durante oito anos de atuação como psicóloga clínica num hospital oncológico.

[2] Psicóloga. Psicanalista da Associação Psicanalítica de Curitiba. Mestre em História pela UFPR. Professora do curso de Psicologia da Faculdade Dom Bosco. Atuou como psicóloga clínica do Hospital Erasto Gaertner durante oito anos.

[3] Expressão herdada da cultura profana da Idade Média, que dividia as idades da vida conforme as estações do ano.

A idealização da juventude foi discutida por Rossi (2001) e relacionada à variedade de relações, diversidade de estilos de vida e inúmeras possibilidades de combinações características da modernidade.

Ao mesmo tempo, vale ressaltar que os adultos se identificam à representação do jovem, o que é diferente do jovem real. Chartier (1991) afirma que a representação do real, ou o imaginário, é, em si, elemento de transformação do real e de atribuição de sentido ao mundo. O imaginário social possibilita uma ordenação de sonhos e desejos coletivos, e é uma das forças reguladoras da vida coletiva, normatizando condutas e pautando perfis adequados ao sistema.

Trata-se, como foi discutido por Calligaris (2000), de uma identificação seletiva que considera o ser jovem como uma etapa de passagem sem compromissos ou responsabilidades, portadora de toda energia e forma física, e ainda com tempo disponível para usufruir os mais variados prazeres da vida adulta.

Ao mesmo tempo, essa idealização que as sociedades, por inúmeros mecanismos, vêm fazendo da juventude se transforma em um valor, retornando para o jovem na forma de um convite, ou melhor, de uma demanda da cultura, que solicita que ele ocupe determinados lugares. Espaços que se delimitam pelo ser dinâmico, inovador, irresponsável, belo, saudável e cheio de graça; em alguns momentos, inseguro e dependente, mas sempre portador da força e energia, características, estas sim concebidas como próprias de sua idade. Assim, o jovem portador desses atributos é uma construção do social de um ideal a ser atingido.

Dessa forma, a sociedade, e o próprio jovem, encontram-se aprisionados a essa imagem idealizada e, quando algo que contradiz essa representação os atinge, instala-se um paradoxo. Justamente por se tratar de uma formação do imaginário social, a idealização da juventude não abarca muitas situações reais com as quais a sociedade e os próprios jovens convivem. Podem-se citar, por exemplo, os jovens que, por sua condição socioeconômica, vivem nas ruas das cidades ou são marginalizados. Acompanhando esse raciocínio, o jovem doente também é estranho aos olhos da sociedade, pois, de alguma forma, está impedido de exercer seu papel e corresponder ao ideal esperado.

O câncer, frequentemente, é relacionado à ideia de morte, sofrimento e solidão, pois faz parte daquelas doenças que, para o senso comum, são fatalmente letais.

Em contrapartida, na atualidade, o câncer é uma afecção conhecida pela comunidade científica, que se vem dedicando a inúmeras pesquisas, muitas das quais conseguindo significativos avanços na prevenção e detecção precoce quanto ao tratamento da doença.

Contudo, é inegável o estigma que o câncer ainda possui na sociedade, carregando consigo os valores da época em que não havia tratamentos eficazes e a única opção era a espera da morte, ideia discutida anteriormente por vários autores (Gimenes, 1994; Sontag, 1984).

Existe, portanto, uma nítida diferença entre o câncer como objeto da medicina e sua representação social, ou seja, a interpretação imaginária da realidade. Assim, essa representação do câncer pode ser um dos fatores decisivos entre aqueles que dificultam a relação entre a doença e um corpo jovem. O jovem com câncer contesta duas representações sociais: da doença e da adolescência. Pois o câncer é associado ao sofrimento, à perda, à morte, e a juventude, à alegria, às conquistas, à vida.

Para analisar a relação estabelecida pelo adolescente com o câncer, este capítulo está dividido em três partes. Em um primeiro momento, será abordada a transformação sofrida pelo adolescente com câncer no real do corpo[4] e os mecanismos de negação dessa realidade, visando à manutenção da imagem idealizada da juventude. Em seguida, será analisada a aceitação da doença, não mais negada, e as atitudes juvenis no convívio com ela, ou seja, o estilo jovem diante do câncer e os tratamentos oncológicos. Finalmente, serão discutidos os efeitos da experiência com o câncer na operação psíquica da adolescência.

Adolescência: um corpo em transformação

Ao procurar compreender "o estar com câncer", focalizando o paciente jovem, este trabalho manteve a consideração das especificidades da estrutura psíquica do adolescente. Adolescência constitui o momento em que o indivíduo se confronta com um corpo que não é mais aquele de criança, ou seja, é invadido fisiologicamente pelos caracteres sexuais secundários. A emergência das transformações da puberdade ultrapassa a imagem corporal elaborada quando criança, impelindo o jovem a se reorganizar diante de um corpo que vem sofrendo inúmeras modificações.

Por isso, o adolescente realizará o luto pelo corpo de criança e, nesse processo, deve aceitar sua perda. A partir dessa experiência, distancia-se da infância, mas,

---

[4] O conceito de corpo real, discutido por Lacan, refere-se ao corpo biológico, do patrimônio genético, que será articulado ao corpo simbólico e imaginário.

ao mesmo tempo, não é reconhecido socialmente como adulto. O jovem encontra-se, então, entre o lugar imposto pelo corpo real, que desmonta sua imagem corporal estabelecida na infância, e aquele da determinação social. São esses fatores que determinam que certos estudos demarquem haver uma primazia da morte ou da contradição vida-morte na estrutura psíquica do adolescente. Segundo S. Tubert:

> é uma oposição (vida e morte) que aparece como tema central da adolescência, porque esses significantes remetem às pulsões freudianas, à progressão-regressão, à integração-desintegração, à síntese-destruição, ao aparecer no mundo-desaparecer dele, ao crescimento-paralisia. (1999, p. 19)

Assim, o jovem encontra-se confrontado com várias mudanças corporais que implicam perdas: perde-se o corpo infantil e, consequentemente, a imagem de si mesmo como criança. As transformações da adolescência denunciam a finitude do corpo que se habita, a impossibilidade de parar o tempo; o corpo muda, amadurece e delata que a continuação disso é mais amadurecimento até a morte.

A percepção da finitude a partir das alterações e perdas da própria existência é um processo inevitável, que pode acontecer nas mais diferentes idades a partir da adolescência. Trata-se de perdas de várias dimensões, sejam elas físicas, psíquicas ou sociais. Geralmente, porém, essa percepção acontece com maior intensidade à medida que a idade avança e é percebida, principalmente, pelos limites que se impõem ao corpo. Na maioria das vezes, essa situação é vivida com o passar dos anos, com as perdas gradativas da idade que avança, com a degradação que o tempo provoca passo a passo. Por isso, no envelhecimento, os indivíduos vão deparar-se com uma série de traumas, dos quais faz parte estabelecer um diálogo cotidiano com a morte[5].

Tendo em vista essas questões, é possível notar que a doença agudiza essa percepção. Quando o organismo jovem sofre uma degradação que impõe limites ao sujeito, pode-se falar de uma antecipação de acontecimentos. Pois, nessa situação, o indivíduo jovem vê-se confrontado a estabelecer, agora, aquele diálogo com a morte que se encontrava adiado para, no mínimo, depois da meia-idade. Dessa forma, o adolescente, que vive uma série de transformações, e por isso mantém uma rotina de horas de auto-observação diante do espelho, analisando o corpo e tentando

---

[5] Alfredo Jerusalinsky (2001) descreve oito traumas que estremecem a estrutura do sujeito e desencadeiam a neurose do envelhecimento.

apreender cada mudança, pode passar a ver, na imagem refletida, transformações que ultrapassam aquelas que acompanham o desenvolvimento esperado. A elas se somam as alterações decorrentes da enfermidade; nesse caso, a doença oncológica e os efeitos colaterais provocados pelos tratamentos. Essa situação bastante específica permite o confronto com a castração[6], com os limites do próprio corpo.

Há, ainda, uma diferença entre o adolescente fisicamente sadio, que se depara com as perdas que envolvem a transformação em adulto – que remete à castração simbólica[7] vivida na infância – daquele que se encontra afetado no próprio corpo por uma doença letal e se confronta ao mesmo tempo com a perda do corpo infantil e com alterações físicas que ameaçam sua vida, ou seja, com a castração real.

Se, nos atendimentos psicológicos, muitos jovens relatam sentirem-se estranhos com o próprio corpo em decorrência das rápidas mudanças impostas pela puberdade, os jovens pacientes oncológicos somam a esse sentimento as perdas decorrentes da doença.

Aos sintomas da doença, descritos pelos jovens, acrescentam-se as alterações que o corpo *puber* vem sofrendo, confundindo os dois processos. O organismo que, ao entrar na puberdade, inicia um processo de "esticar", "alargar", "crescer" e "aumentar", ao adoecer apresenta alterações semelhantes.

Muitos jovens entrevistados relembraram as alterações orgânicas decorrentes da doença, utilizando expressões similares àquelas com que descrevem as transformações da puberdade. Sentir-se "inchando", ver uma parte do corpo "crescendo", ou constatar a necessidade de comprar roupas maiores são experiências comuns na vida de qualquer jovem, geralmente sentidas como marcas de vida, mas, nesses casos, trata-se de um sinal da doença e são marcadas como uma experiência que remete à castração.

Assim, o corpo jovem, que começa a apresentar inúmeras sensações diferentes ou desconhecidas no percurso de tornar-se adulto, quando afetado por uma doença, também pode trazer dor, desconforto, fraqueza e um acréscimo de estranhamento sobre essas vivências.

---

[6] Em psicanálise, o conceito de castração designa uma experiência psíquica inconscientemente vivida que consiste no reconhecimento da diferença anatômica entre os sexos, no abandono da ilusão da onipotência e na aceitação dos limites do corpo, que são mais estreitos do que os limites do desejo (Nasio, 1995).

[7] A castração simbólica é uma operação que permite a instauração do fantasma original e que não implica a amputação de algo real.

Da mesma forma que os sintomas do câncer podem ser confundidos com as transformações do corpo decorrentes da puberdade, também o podem ser com os sinais ou marcas da juventude, do ser jovem.

Desse modo, a dor, sintoma comum nos doentes oncológicos, também faz parte do cotidiano de muitos jovens saudáveis. Vários comportamentos e atitudes típicos do universo jovem são responsáveis por desencadear dor; entre eles, a prática de esportes radicais e corridas de aventura, as brigas de turmas, o uso de tatuagens ou piercing. Ainda, de forma mais amena, observam-se as dores e hematomas decorrentes do constante esbarrar em móveis e objetos, que denuncia o desconhecimento dos limites do novo corpo.

Contudo, essas marcas se apresentam como vitais, não só porque falam de vida, mas também porque auxiliam os adolescentes na reconstrução subjetiva da nova imagem corporal, como foi analisado por vários autores (Meira, 1999; Dolto, 1984). São representações diferentes das desencadeadas pela dor do câncer, que apontam a fragilidade do corpo. A dor que decorre da doença remete à castração real, a uma lesão de tecidos, diferente daquela que envolve uma ação ou um comportamento juvenil e remete à castração imaginária.

Em condições diferentes, os mesmos sintomas são compreendidos como típicos da adolescência e não desencadeiam sentimentos de preocupação, medo ou horror, como aqueles decorrentes do estar com câncer. Nos depoimentos, foi possível observar que os sintomas iniciais da doença, em função de poderem ser confundidos com os típicos da adolescência, muitas vezes não foram levados em consideração ou valorizados de acordo com seu real significado. Eram sintomas que poderiam ter sido associados aos estigmas de uma doença potencialmente letal e que, consequentemente, viriam a contradizer a representação idealizada de juventude e provocar o confronto com os limites da existência humana.

Dessa forma, os jovens doentes não se reconhecem nessa situação e não compreendem os sintomas em seu corpo como fazendo parte de uma doença, pois, segundo Nasio (1995), o eu apenas percebe, apenas vê as formas nas quais se reconhece, sejam elas sonoras, visuais ou táteis.

O que se repete é que, aquilo que pode ser visto é a saúde e a vida que idealmente habitam um corpo jovem, mantendo a crença na impossibilidade de o jovem adoecer. Trata-se da frequente utilização, por parte do jovem e de seus familiares, de mecanismos de defesa psíquicos, mesmo que isso ocorra temporariamente. Dentre eles, observa-se a maior manifestação de evitar ou negar o câncer, dando oportunidade para a manutenção da ideia de uma impossibilidade de essa doença se manifestar em um corpo jovem.

Associar sintomas decorrentes do câncer às transformações esperadas do processo de adolescer apresenta-se como maneira de negar a doença, mas também pode ser interpretado como um facilitador do mecanismo psíquico de evitação consciente do assunto.

Vários jovens relataram que, em conversas sociais, preferiam mentir a respeito das mudanças físicas que vinham enfrentando, alegando um motivo juvenil. Dessa forma, a alopecia decorrente da quimioterapia era delegada ao fato de ter passado no vestibular e, portanto, raspado o cabelo, ou ainda a um momento de rebeldia, maneira de ir contra os valores do sistema. O emagrecimento decorrente do não comer ou vomitar[8] pode ser associado a transtornos alimentares, psicopatologias comuns dessa idade, como anorexia e bulimia.

Assim, os jovens e as pessoas de seu convívio, em muitos momentos, recusam-se a olhar para a doença ou falar a esse respeito. Falar do câncer, do sofrimento e da finitude da vida permitiriam simbolizar essas questões, mas também introduzi-las em um conjunto de possibilidades, pois, como afirma Certeau, "dizer é crer" (1994, p. 296).

Nos dias atuais, evidencia-se a inclinação de jovens e adultos a não falar dos limites da existência, pois, assim, não se acredita em sua possibilidade, mantendo-se distantes. Roudinesco (2000) tem afirmado que, na atualidade, a realidade do infortúnio, da morte e da violência são temas a serem calados, silenciados, mantidos distantes da consciência e da lembrança. A palavra "câncer" faz parte do conjunto de palavras a serem evitadas.

O câncer, por sua ligação com a morte, é um assunto pouco falado e, quando abordado, muitas vezes é feito por chistes ou meias palavras, o que denuncia ser algo não aceito socialmente, um tabu[9]. Ao não nomear ou não escutar as experiências que remetem ao jovem como um ser limitado (castrado), tanto o adolescente como as pessoas de seu entorno mantêm sua imagem idealizada.

---

[8] Efeitos colaterais decorrentes do tratamento quimioterápico.

[9] A palavra "tabu" é de origem polinésia, e significa, por um lado, "sagrado", "consagrado", e, por outro, "perigoso", "proibido", "impuro", ou seja, é um termo que traz em si algo de inabordável, proibido e restrito em seu uso. Freud (1974c, p. 37) afirma que nossa acepção de "temor sagrado" muitas vezes pode coincidir em significado com tabu.

Muitas vezes, os sentidos atribuídos aos sintomas iniciais da doença tendem a ser relacionados ao ritmo de vida dos jovens e, ao mesmo tempo, delatam seu caráter imaginário. A representação[10] do adolescente atual acompanha o ritmo do mundo moderno, que se caracteriza pela valorização do tempo presente, principalmente porque é um presente que promete suprir a falta, afirmando constantemente a possibilidade de querer e ter. Observa-se que, muitas vezes, os jovens são seduzidos por essa corrente imediatista e, como muitos adultos modernos, transformam suas vidas em uma corrida contra o tempo.

Então, o sentido atribuído aos sintomas da doença relaciona-se à rotina de vida do jovem, à dinâmica de quem vive intensamente. A fala da mãe de um adolescente enfermo é exemplar dessa postura, quando contou o que pensava: "emagreceu porque está estudando muito, esforçando-se para passar no vestibular". Ou seja, o olhar seletivo depositado sobre o corpo do jovem mostra que o dinamismo é um dos atributos valorizados da adolescência.

Relacionar as marcas da doença às transformações do corpo *puber* ou ao estilo jovem não são as únicas alternativas encontradas para conviver com essa realidade. Outra possibilidade é o frequente movimento dos jovens doentes e das pessoas próximas, de se esforçarem para esconder ou camuflar os sinais da doença ou sua gravidade.

Os avanços da ciência, principalmente da medicina, ocupam um lugar fundamental no jogo de "esconde-esconde", já que propiciam o disfarce do corpo doente. Mannoni (1995) analisou o quanto os procedimentos técnicos utilizados, as próteses e as máquinas possibilitam que aquilo que se vê no exterior do corpo seja apenas uma mostra discreta da doença que o afeta interiormente, tranquilizando, desse modo, o jovem e aqueles que o cercam.

Apesar das mudanças evidentes, decorrentes da enfermidade, eles tentam mostrar que está tudo bem, que não são diferentes dos demais jovens, que continuam belos, com saúde e pertencentes ao grupo jovem.

Essa é uma das situações que determinam que a cultura ocidental venha sendo caracterizada pelo que Ziegler denominou "canibalismo mercantil" (1975, p. 142), no qual mesmo o homem e seu corpo se tornam mercadorias em uma sociedade cujo maior interesse é manter o circuito de produção e consumo. A juventude e

---

[10] As representações da juventude, como qualquer outra representação, emergem coladas ao tecido social e acompanham as transformações dos fenômenos produzidos por ele (Jovchelovitch, 1994, p. 79-82).

o corpo jovem transformam-se em objetos, parte do conjunto de padrões que o mundo moderno oferece para serem imitados e possíveis de serem consumidos e disponibilizados a todos os segmentos etários. Conforme Silva (1999), muitas campanhas publicitárias apropriam-se dessa "imagem narcisista" e convidam a consumir a juvenilidade por meio dos produtos ofertados.

A valorização do corpo jovem não é, porém, uma especificidade da modernidade. A ideologia e a estética corporal cultuadas pelos antigos atravessaram toda a Idade Média, constituindo-se em uma espécie de ideologia que gerou a preocupação com a conservação do corpo delgado, ágil, saudável, viçoso e belo mediante receitas e regimes de saúde (Pastoureau, 1996).

Contudo, é somente na modernidade que o aprimoramento da ciência permite investir capital, tecnologia e consumo nesse ideal. Ideal concretizado nas cirurgias plásticas, implantes de cabelos, academias de ginástica, cosméticos, *spas*, salões de beleza.

Então, os jovens portadores de uma doença oncológica procuram oferecer-se como corpo ideal para o olhar dos outros, sejam eles familiares, profissionais da saúde, colegas. Existe um esforço por manter o ideal do eu, instância que, segundo Lacan (1975), surge no estádio do espelho, constitui-se na relação com o outro e fala da perfeição, da completude, da não castração. Para isso, muitas vezes, enfeitam-se e procuram diminuir externamente a afetação provocada pela doença na tentativa de corresponder ao ideal esperado.

Nessa tentativa, podem ser utilizados artifícios para disfarçar as marcas da doença, como colocar um lenço no pescoço, para que não apareça o tumor, ou utilizar uma prótese no braço, a qual não apresenta vantagens funcionais, pois não tem mobilidade, mas permite que o corpo seja visto como completo, sem faltas, sem mutilações. Amarrar o cabelo pode ser uma forma de ocultar sua perda na nuca, assim como utilizar uma peruca disfarça a total alopecia.

O processo de transformação da imagem do corpo pelo câncer é vivido pelos jovens como perda justamente porque é o momento da mudança sem ter tido tempo de se reorganizar diante dela. Situação que remete ao processo do adolescer, ao momento de transição do jovem para tornar-se adulto e que também costuma ser muito angustiante.

O conjunto das entrevistas denotou que as marcas decorrentes da doença e dos tratamentos podem apresentar-se das mais diversas maneiras, intensidades e frequências, mas que, em menor ou maior grau, desencadeiam a vivência de perda ou *despedaçamento* toda vez que algo se altera da imagem corporal. O segundo momento é ver-se sem algo que antes tinha, mas continuar vivo, apesar das perdas, é diferente de se ver perdendo, desaparecendo.

As alterações corporais marcam a imposição de uma diferença à imagem inconsciente do corpo. Ou seja, como explica Dolto (1984), não é o sujeito quem adoece, e sim seu corpo, portanto, ele tem uma imagem de corpo que não corresponde ao corpo transformado pela doença. A imagem corporal não encontra paralelo no corpo alterado pelo câncer, assim como este último não encontra paralelo na imagem socialmente idealizada do jovem contemporâneo.

Nesses casos, as transformações são sentidas também como a perda do lugar ocupado, marcas de uma impossibilidade de continuar vivendo plenamente. Portanto, a preocupação com a aceitação social da nova imagem é frequente nos depoimentos de doentes jovens, pois nessa idade o desejo de pertencer ao grupo social é muito elevado.

A pertença a um grupo é principalmente determinada pela identificação recíproca dos seus membros que compartilham ideais, gostos, lugares frequentados, uso de substâncias tóxicas, formas de se vestir. Na juventude, dá-se um valor especial à imagem visual, assim, atributos de beleza, força física e uso de roupas específicas tornam-se critérios mais ou menos explícitos de inclusão. Tais critérios ainda vêm ao encontro dos valores socialmente determinados. Nesse sentido, Goffman (1988) coloca que todos os indivíduos portadores de características diferentes daquelas previstas em uma determinada cultura são vistos como desviantes e, por isso, estigmatizados. O traço que os diferencia do conjunto pode impor-se na relação social e provocar o afastamento, impossibilitando, com isso, a aparição de outros atributos do sujeito.

As manifestações dos jovens evidenciam a tendência de esse grupo de doentes se esforçar por esconder as diferenças de seu corpo, como já apontado. Nesse caso, ocultar o tumor ou disfarçar a falta de cabelo são atitudes que evitam colocar o jovem em uma situação estigmatizada, correndo o risco de discriminação ou afastamento do grupo juvenil.

Se nos doentes oncológicos observa-se a preocupação de perder os vínculos sociais em decorrência do estado de saúde, esse medo pode ser estendido especialmente aos vínculos de identificação comuns nessa idade. Eles ocupam um lugar especial na vida dos jovens, por isso se percebe a preocupação de perder sua pertença ao grupo jovem, o que, de fato, muitas vezes acontece.

A tendência grupal do jovem na procura pela identidade exprime um comportamento defensivo, em que a uniformidade pode proporcionar segurança e estima pessoal. A esse respeito, Aberastury escreveu que no grupo

> [...] há um processo de superidentificação em massa, onde todos se identificam com cada um. Às vezes, o processo é tão intenso que a separação do grupo parece quase impossível e o indivíduo pertence mais ao grupo de coetâneos do que ao grupo familiar. (1981, p. 36-37)

Mas estar doente, realidade muitas vezes negada e escondida, impõe-se como um fato com o qual os jovens precisam relacionar-se. No próximo item será analisado o estilo juvenil no confronto com a doença.

Ser jovem: um estilo

Do ideal de juventude absolutamente positivo não fazem parte apenas os atributos de um corpo jovem, mas também o estilo de ser jovem. O imperativo "ser jovem" manifesta-se pelas ideias de juventude de corpo e de espírito, gerando nos indivíduos o desejo de efetuar uma corrida contra o tempo para não envelhecer e se manter nessa condição. O jovem torna-se um representante e um modelo a ser seguido. Portanto, acompanhando as ideias de Sallas (1999), verifica-se a busca de tornar perene não só o corpo jovem, mas o estado de juventude, passando o jovem a ser consumidor e produtor de sua existência e de uma cultura jovem global.

Dessa maneira, alguns jovens utilizam atitudes típicas da adolescência para enfrentar a doença, não como uma forma de negar a realidade, mas sim de afirmar um estilo: ser jovem. Ao mesmo tempo, trata-se de comportamentos que possibilitam a manutenção de uma imagem idealizada. É exemplar dessa tendência a postura de alguns adolescentes de deixar à mostra as marcas da doença ou suas diferenças. Ao assumir a "careca" e realizar todo tipo de atividades sem peruca, lenço ou boné, uma das jovens entrevistadas teve esse comportamento interpretado como algo tipicamente juvenil, de rebeldia ou insubordinação às leis do sistema. Ela lembra que, ao entrar em um bar, um outro jovem falou: "aí, valeu, finalmente alguém dessa cidade tomou uma atitude, estava precisando de movimento, alguém tinha que mudar um pouco". Sua atitude foi interpretada como um modismo ou, nas palavras da depoente: "algo da fase da adolescência, fez isso para agredir a sociedade".

Nesse caso, não se submeter às leis do sistema implica não corresponder ou subverter o padrão estético da cultura. Frequentar ambientes sociais sem cabelo pode ser interpretado como uma maneira de contestar aquilo que é preconizado como ideal de beleza. Ao mesmo tempo, constata-se que o fato de jovens doentes assumirem publicamente as marcas da doença corresponde ao comportamento de muitos adolescentes saudáveis de contestar o conceito do que é belo em sua cultura.

Na opinião dos adultos, muitos jovens se enfeiam ao usarem roupas largas e compridas, descolorirem o cabelo ou pintá-lo de vermelho, verde, azul, ou mesmo ao desfilarem com tatuagens e *piercings*. O ato de se enfear, também discutido por Dolto (1990), ou criar um padrão estético diferente do convencional é um comportamento típico da juventude. A opção de alguns adolescentes de mostrar as alterações desencadeadas pela doença, a despeito dos pedidos ou sugestões de adultos para que sejam encobertas, também pode ser uma forma de se mostrar diferente, crítico, adolescente.

Muitos doentes assumem a posição de rebeldia, adotando comportamentos de insubordinação. Eles são frequentes nas negativas dos jovens durante o processo de doença. Geralmente, pensam em abandonar o tratamento, não aceitam o internamento, os medicamentos ou as cirurgias propostos pela equipe médica.

Vários são os motivos descritos pelos jovens para a interrupção dos tratamentos, mas na grande maioria evidencia-se que não se relacionam ao fato de estarem doentes. Termos como saúde, cura, remissão, doença ou morte dificilmente são encontrados entre as justificativas para a não realização do tratamento. Quando indagados sobre os motivos da desistência, os jovens falam que fazer ou não o tratamento depende de um "minuto de bobeira", de "ficar enrolando", do desejo de "terminar uma obrigação" imposta pela equipe de saúde ou, mesmo, da "raiva" provocada por uma enfermeira. Ou seja, nesses casos, eles não colocam no horizonte a possibilidade de que não fazer o tratamento é continuar doente ou mesmo de vir a morrer. Também desvalorizam a ideia de que realizá-lo, conforme proposto pelo protocolo médico, seria lutar pela saúde e pela vida.

Esses comportamentos somam duas atitudes próprias de adolescentes: a rebeldia e a inconsequência. Os jovens, muitas vezes, vivem como se fossem imortais, colocando a própria vida em risco das mais diferentes formas, como, por exemplo, mediante o uso de drogas, a prática de esportes radicais, a condução de veículos em alta velocidade ou a exposição a doenças sexualmente transmissíveis.

O adolescente e o câncer

Diferentemente do que acontece com as doenças oncológicas, essas práticas juvenis vêm sendo alvo de muitas campanhas que visam a informar e orientar sobre os riscos e perigos associados a elas. Contudo, pesquisas (Sallas, 1999) têm mostrado que, apesar de os jovens terem consciência das possíveis consequências dos seus atos, continuam a realizá-los, pois, nessa etapa da vida, é comum uma certa impulsividade ou "inconsequência" decorrentes da necessidade do jovem de reestruturar seu desejo no campo do ato.

Não fazer o tratamento pode ser entendido como uma entre tantas atitudes inconsequentes a que os jovens se submetem por acreditarem ser eternos. A fantasia de que nada de mal lhes pode acontecer corresponde, como discutido por Schiller (2000), à manutenção da ilusão infantil de que, ao ter um corpo adulto, tudo seria possível, não haveria limites e todas as expectativas que foram adiadas "para quando crescer" poderão ser realizadas.

Seu comportamento demonstra, ainda, e principalmente, em sua recusa em aceitar o internamento, os procedimentos, tratamentos e as regras do hospital, que pratica o dito "caráter transgressor da juventude". São atitudes que refletem um estilo jovem de enfrentar a situação da doença. Entre elas, destaca-se a frequente opção dos jovens por não permanecer no quarto de internamento, preferindo lugares que não remetam à doença, como o pátio, os corredores ou a entrada do hospital.

Também é comum observar que muitos jovens se internam e imediatamente retiram a fita identificadora de pacientes[11] do braço, recusando-se a permanecer com um símbolo da doença, a marca concreta e externa de sua condição: ser um paciente oncológico. A recusa de ocupar o lugar de doente pode chegar ao extremo de uma alta pedida[12] ou mesmo de fuga do hospital durante o internamento.

Transgredir as regras do hospital, da família ou da cultura é dizer: "eu posso tudo, não há lei para mim". Essa postura acompanha as transformações culturais, pois, nos dias atuais, não se priorizam tanto os vínculos intergeracionais e existe um afrouxamento maior das linhas que conduzem a geração mais jovem à mais velha, revelando, muitas vezes, uma descontinuidade com o passado. Isso porque o jovem é reconhecido em um horizonte peculiar, de experiências próprias, singulares e inovadoras, que não implicam necessariamente a repetição de padrões de

---

[11] Fita de identificação colocada no braço do paciente no momento do internamento, na qual constam seu nome e o número de seu prontuário.

[12] Alta sem consentimento médico, em que o paciente se retira do hospital assinando um termo de responsabilidade sobre seus atos.

comportamento. Os jovens são conhecidos na atualidade por seu suposto caráter inovador, contestador e, muitas vezes, revolucionário.

Outra atitude que merece destaque entre as posturas dos adolescentes no convívio com a doença é o brincar. Falar brincando da doença, dos tratamentos e de suas sequelas pode ser também uma forma de amenizá-los, desqualificá-los.

Brincando, atitude típica da infância, parece mais fácil aos olhos dos jovens enfrentar a doença. Uma das entrevistadas conta que, ao ser informada de que deveria fazer quimioterapia, perguntou a seu namorado que tratamento era esse, e ele respondeu: "ah, eu não sei exatamente como funciona, mas parece que é um tratamento para câncer". Diante dessa resposta, ela *brincou*: "ai, dancei, me ralei, tenho câncer, porque eu acho que é isso que eu tenho que fazer". Entre risos, analisa seu comportamento e conclui que, por ter levado a situação na brincadeira, encarou razoavelmente bem o tratamento.

Vários jovens pensam que "se fossem levar tudo a sério mesmo no tratamento, já teriam desistido". Essa postura condiz com os ensinamentos de Freud (1974a), para quem o chiste possibilita renunciar à expressão da hostilidade pela ação e torna nosso inimigo pequeno, inferior, desprezível ou cômico, conseguindo, por linhas transversais, o prazer de vencê-lo. Ele escreve: "[...] o chiste evitará as restrições e abrirá fontes de prazer que se tinham tornado inacessíveis" (p. 103).

Entre a autonomia, característica da idade adulta, e as brincadeiras, que remetem ao "ser criança", o adolescente demonstra que, por estar entre esses dois lugares, vale-se de recursos de ambas as posições para enfrentar a doença e o tratamento, negar sua condição de mortal, ou seja, a castração, e acreditar na impossibilidade de terminar seus dias por enquanto.

Outra forma juvenil de se posicionar no convívio com a doença é a utilização da sociabilidade de acordo com o estilo juvenil. É frequente, nos vínculos estabelecidos na adolescência, a valorização do contato com outros jovens e a formação de grupos.

No grupo, os jovens encontram um lugar de pertença no mundo. Como discutido anteriormente, pertencer a um grupo toca na questão da identidade. Por esse motivo, a perda dos vínculos de identificação juvenis representa para o jovem doente uma perda maior, ou seja, a perda de parte de si mesmo, de deixar de ter um lugar determinado. Muitos jovens, ao sentirem o afastamento dos amigos, sentem que perderam muito mais do que uma amizade.

Se o afrouxamento de laços pessoais e grupais estabelecidos anteriormente à doença podem ser interpretados como a perda do lugar jovem, paralelamente, o fortalecimento de laços preexistentes à doença ou mesmo a conquista de novos vínculos podem ser lidos como a possibilidade de realizar o luto por essas perdas. Dessa forma, o jovem que se encontra impossibilitado de manter a identificação aos pares saudáveis e se sente excluído da turma jovem a que pertencia pode procurar, então, um lugar no grupo de doentes.

Assim, uma vez realizado o luto pelos lugares anteriormente ocupados, os jovens podem investir em novos relacionamentos sociais e ocupar outros lugares. Laços de amizade que surgem durante o tratamento, especialmente com os frequentadores do hospital, são muito valorizados. Esse espaço acaba por se transformar em um lugar de sociabilidade, como foi discutido anteriormente por Rasia:

> Fomos buscar no lugar em que o imaginário e as representações sociais só costumam encontrar a morte e o sofrimento um espaço para a vida sob a forma da sociabilidade, da alteridade que esta comporta e da palavra que a expressa. (1996, p. 204)

No contexto hospitalar, a tendência de os jovens se aproximarem de outros pacientes, especialmente daqueles de sua idade, pode ser interpretada como a expressão de um movimento próprio dessa faixa etária, verificável no campo social. Agrupar-se é um mecanismo encontrado pelos jovens para se apropriar de um lugar na sociedade.

A esse respeito, Erikson (1970) afirma que a sociedade oferece à criança a permanência em uma moratória social, que tende a manter os jovens impossibilitados de ingressar no estatuto do adulto, e que se caracteriza por uma indefinição: não ser nem criança, nem adulto. Contudo, estudos como o de Aberastury (1981) consideram esse estado o conteúdo manifesto de uma situação mais profunda, ou seja, o próprio adolescente precisa de tempo para elaborar o luto por seu corpo de criança e poder ingressar na vida adulta. Na busca de um lugar ou um reconhecimento, e consciente de que não o irá obter dos adultos, o jovem inicia a procura por um espaço ou uma forma de poder existir na sociedade.

Calligaris (2000) aponta a tendência de o adolescente voltar-se para outros sujeitos com os quais possa identificar-se como uma maneira de, juntos, formarem um grupo social. Assim, os jovens encontram condições que, sem depender dos adultos, permitem-lhes pertencer a um grupo social e ter um lugar determinado de existência para sua faixa etária. Portanto, no hospital, a herança do comportamento social jovem desencadeia maior aproximação entre esses pacientes.

Hospital, saúde e subjetividade

De forma geral, nos relacionamentos ou grupos jovens, observam-se critérios de admissão claros, explícitos e praticáveis, o que permite a integração rapidamente e assim que se manifestar o desejo. Esses critérios são muito variados e, se fora do hospital se relacionam com gostos, formas de se vestir, lugares frequentados, uso de substâncias tóxicas, nele podem estar vinculados principalmente à idade e ao fato de serem portadores da mesma doença, pelo prognóstico ou localização da afecção, características comuns aos participantes que permitam uma identificação mútua. E se o estabelecimento de vínculos de amizade entre jovens é frequente, também é comum sua extensão para além das fronteiras do hospital.

Ainda, assim como se evidencia um movimento de aproximação dos jovens a indivíduos de mesma idade, também se observa o afastamento de pessoas adultas ou "velhos", como são chamados por eles. Vale destacar que, na categoria "velhos", podem ser incluídos indivíduos acima dos trinta anos.

Acompanhando essa postura, pacientes oncológicos adolescentes demonstram a inclinação a evitar o contato especificamente com pacientes idosos. Essa nuança de comportamento se apresenta para alguns na dificuldade de se manterem internados com pacientes mais velhos. Alguns afirmam que é preferível ser "internado no isolamento e ficar trancado do que ficar nesses quartos cheios de velhos". "Isolamento" designa o quarto hospitalar destinado aos imunodeprimidos ou portadores de doença ou infecção potencialmente contagiosa[13].

Nesse contexto, o termo "isolar" também encontra paralelo nas atitudes dos jovens em geral, que tendem a se segregar do mundo adulto, entendido por muitos de sua faixa etária como inibidor e sem empatia para seus impulsos e arroubos. Um mundo com o qual muitos jovens não desejam se identificar e, por isso, afastam-se, delimitando o que eles são: diferentes, saudáveis, inovadores, rebeldes.

A doença, no entanto, faz com que alguns jovens, além de reiterarem sua percepção de que os adultos "não têm nada a ver" com eles, somem outra justificativa: o fato de que os velhos estão "todos passando mal". No contexto hospitalar, isolar significaria também uma forma de marcar a oposição para com os mais velhos, afirmando que são eles os doentes.

Da mesma forma, as atitudes desses jovens indicam que destacar as diferenças entre eles e os pacientes em estado terminal, em especial, os de faixa etária

---

[13] Esses quartos exigem cuidados específicos: o acesso é permitido utilizando-se máscara e avental esterilizado e lavando-se as mãos na entrada e saída.

mais avançada, seria uma estratégia para se afastar da identificação que o contato promove. Assim, sua insistência em argumentos que reiteram sua visão de que os outros pacientes são velhos, ou que a doença deles é mais grave, é equivalente a afirmarem que morrem porque são velhos, e não porque estão com câncer. Ao valorizarem a diferença entre ser jovem e ser velho, em detrimento de suas semelhanças (no caso, a enfermidade comum), eles demonstram estar socialmente ativa a representação ancestral do que é próprio de cada fase do ciclo de vida.

Observou-se como os adolescentes com câncer se posicionam diante da doença, utilizando o estilo jovem, ou seja, características da estrutura adolescente. Contudo, por se tratar de uma fase de transição entre o ser criança e o ser adulto, o jovem pode realizar movimentos de retorno à infância ou avançar para a idade adulta. Será analisado, na sequência, o quanto o estar com câncer, confrontado com os limites da existência, pode desencadear um movimento regressivo do jovem, apresentando atitudes infantis ou, em outros momentos, acelerar o processo de amadurecimento, posicionando-se como adulto.

Adolescente: ser adulto, ser criança

Como foi destacado, o câncer produz um acréscimo de mudanças ao adolescer que ocorrem com alguém que se vê convocado, por seu corpo e pelo olhar de outro, a ser diferente da criança que foi. Essa situação confronta o jovem com o término da infância, com a possibilidade de perder o lugar da criança amada e graciosa.

Então, o adolescente, nem criança nem adulto, encontra-se em um momento de transição. Contudo, trata-se de um momento lógico mais do que cronológico. A puberdade marca o fim da infância, mas não garante a entrada no mundo adulto. Essa situação faz que a adolescência seja compreendida como um momento de crise psíquica, conceito discutido por Melman (1999) como um tempo de suspensão ou hesitação em que o sujeito não encontra sua maneira de se posicionar no mundo. Ao mesmo tempo, determinados acontecimentos podem retardar ou acelerar esse processo. O trabalho de Françoise Dolto (1990) abordou essas questões ao expor que crianças que vivem experiências de morte dos pais ou doenças realizam precocemente a operação adolescente, e que outros sujeitos somente farão a operação apoiados na crise dos próprios filhos. Interessa, nesse momento, pensar o câncer como um desses fatores.

Como foi abordado, estar com câncer confronta o adolescente com a castração no real do corpo, e essa experiência pode produzir efeitos diferentes na operação psíquica que o jovem está realizando. Melman (1999) afirma que os adolescentes são pessoas que ainda não encontraram seu lugar subjetivo com relação ao gozo, estão procurando esse lugar. O câncer pode acelerar esse processo, permitindo uma resolução para a operação psíquica, ou retardá-lo, provocando um retorno à posição infantil.

Será analisada, inicialmente, a segunda possibilidade, ou seja, o processo de regressão decorrente do estar com câncer. Esse processo coloca o adolescente diante de um paradoxo, pois nesse mesmo momento está sendo convocado simbolicamente a abandonar a posição infantil.

A entrada na adolescência leva o jovem a iniciar a procura por um lugar no mundo adulto, e as perdas desencadeadas pela doença e pelos tratamentos podem produzir uma redução dessa procura, e mesmo a perda dos lugares ou da identidade social recém-conquistada. Papéis ocupados até a emergência da doença, como ser estudante, praticante de algum esporte ou mesmo trabalhador, são muitas vezes abandonados e recordados com saudades.

Se a questão que se impõe ao jovem é a da identidade – o que justifica a preocupação comum nesse momento em responder às perguntas "quem eu sou?" e "para onde vou?" – entre o que se ganha e o que se perde, o jovem precisa saber do que se apropriar, como tomar uma posição, buscar uma referência.

Enquanto não se consolida a própria referência, o adolescente mantém-se sujeito às leis e aos valores da sociedade adulta e, de alguma maneira, precisa segui-los; enfim, é dependente. Essa postura exige que se preste satisfações, que não se tenha autonomia ou liberdade para responder por si mesmo, situação que costuma não ser totalmente confortável para o jovem, que se procura afirmar como um adulto. Pode-se dizer que, na doença, essas questões se mantêm por mais tempo ou mesmo se intensificam. Assim, aconteceria um retrocesso ou regressão do processo de tornar-se independente. Muitos jovens reconhecem que a doença favoreceu a ocupação de um lugar de dependência em relação aos adultos, sejam eles médicos ou familiares.

Assim, um dos comportamentos que indicam um retorno à infância é o apego aos pais em função da emergência da doença, podendo chegar a interromper o processo de desprendimento deles. Isso pode ser observado no ambiente hospitalar pelas constantes reivindicações de sua companhia, especialmente da mãe. Dessa forma, se para os adolescentes saudáveis a presença e o acompanhamento dos pais são fundamentais, para os jovens portadores de neoplasia pode-se observar um aumento desse vínculo de dependência.

Aberastury (1981) afirma que flutuar entre uma dependência e uma independência extremas faz parte dos comportamentos dos adolescentes "normais", que se movem entre o impulso ao desprendimento e a defesa imposta pelo temor à perda do conhecido. Dessa forma, grande parte dos depoentes vivia esses conflitos antes do desencadeamento da doença e, diante dela, apegam-se aos vínculos parentais, em um movimento que pode ser chamado de regressivo. Situação que remeteria imediatamente ao comportamento infantil de dependência e apego ao que é conhecido.

Observar que o jovem doente solicita mais a presença dos pais implica constatar que a doença também modifica a disposição deles para com o filho. Os pais de adolescentes também vivem o luto pela perda dos filhos pequenos e da relação de dependência infantil. A perda do filho criança confronta os pais com a necessidade de aceitar o porvir, o envelhecimento e a morte. Eles devem abandonar a imagem dos pais ideais, criada pelos seus filhos. Assim, existe a ambivalência e a resistência dos pais em aceitar o processo de crescimento dos filhos (Aberastury, 1981).

Ao mesmo tempo, o jovem portador de uma doença potencialmente letal subverte a cronologia, a lógica temporal de que os pais devem morrer antes dos filhos. Dentre os responsáveis pela sustentação dessa crença social, pode-se citar a influência das transformações que a estrutura familiar sofreu com a modernização dos costumes, favorecendo a que, especialmente após o século XIX, o Ocidente optasse crescentemente pela formação de famílias nucleares. O historiador P. Ariès (1981) acredita que a transformação dos filhos em objetos de contemplação e cuidados surge com a valorização da vida do núcleo familiar, que isola o viver em família na esfera do privado. Na configuração familiar atual, os descendentes apresentam o valor de "prorrogadores da existência", e são compreendidos como uma extensão dos pais.

Essas afirmações tornam evidente que, para os pais, seus filhos representam o amanhã, a possibilidade de os adultos se projetarem no futuro e viverem o sonho da imortalidade. Dessa forma, não podendo aceitar a possibilidade de um fim para suas existências, também se torna inaceitável a morte de um filho.

Freud (1966, p. 358), ao perder a filha Sophie, escreveu: "No fundo do meu ser, descubro o sentimento de uma perda narcísica irreparável". É justamente por provocar essa ferida egoica que a fragilidade do corpo jovem, muitas vezes, é disfarçada ou camuflada, como já abordado, mas também pode desencadear um excesso de cuidados dos filhos por parte dos pais, favorecendo a posição infantil.

Ao mesmo tempo, por escutarem os adultos e seguirem seus conselhos, também revelam ter consciência da gravidade de sua doença, dos limites de seu corpo. Reconhecer e aceitar a fragilidade do corpo, apesar dos atributos adultos, é uma das tarefas necessárias para sair da adolescência.

Rassial (1999a) aponta que a adolescência é o momento em que a promessa do Édipo se mostra enganadora, ou seja, a criança aceitou a interdição do incesto – separar-se da mãe – porque ela veio com a promessa de que, ao crescer, teria direito a um gozo de mesmo peso. Esperou crescer para atingir a promessa de felicidade. Portanto, nesse período, acontece o primeiro encontro com a constatação de que qualquer promessa de gozo promete somente a morte. A decepção diante dos limites da existência denuncia a possibilidade de abandonar a fantasia de onipotência infantil.

Para que isso se realize, o adolescente deverá realizar uma operação psíquica. Trabalho que produz uma mudança que toca a questão da identidade. Ou seja, a estrutura psíquica é colocada em causa. Nesse processo, o jovem deverá realizar vários lutos: o luto pelo corpo de criança, pela identidade infantil e pela relação com os pais da infância.

O luto é um percurso gradativo, pouco uniforme e individual para cada ser humano. Contudo, os depoimentos evidenciam algumas tendências. Verifica-se a possibilidade de superar as perdas físicas, reestruturando a imagem corporal, as perdas sofridas nas relações estabelecidas e, especificamente no caso de jovens, as perdas decorrentes da passagem para um novo estatuto.

Os depoentes demonstraram a possibilidade de estabelecimento de um novo laço ou relação consigo mesmo, vivendo apesar das perdas e limitações do próprio corpo. Muitos jovens doentes demonstraram a capacidade de "se relacionar bem" com o novo corpo, ou de realizar o luto pelo corpo anterior à doença reconstruindo sua imagem, mesmo tendo enfrentado perdas significativas em seu esquema corporal.

Assim, vários jovens contam que aprenderam a compreender as marcas definitivas da doença e dos tratamentos como traços do estar vivo e da vida. Exemplo disso é a postura, diante das perdas definitivas do esquema corporal, de valorizar o que existe de possibilidades, e não de impossibilidades. Ou seja, em seus atos e discursos, os jovens ressaltam aquilo que podem fazer, de maneira diferente, mas também independente. Então, diante da perda do braço direito, o esquerdo é valorizado, assim como a força dos dentes, a juventude, a vida.

Os depoimentos mostraram que, da mesma forma que é possível realizar o luto do corpo saudável e dos vínculos anteriores à doença, aprendendo a viver com um novo esquema corporal, também se pode efetivar o trabalho de luto pelo abandono do "ser criança".

Diante da constatação da grave doença ou de uma juventude que pode ser finita, verifica-se a reflexão a respeito de atitudes passadas, principalmente infantis. Analisar atitudes infantis e até criticá-las é próprio do adolescente, pois esse momento se caracteriza pelo deixar de ser criança e a busca de si mesmo e de sua identidade para tornar-se adulto.

Nessa procura, o jovem manifestará, em seu discurso, posturas e reflexões características tanto de sua infância quanto da idade adulta idealizada, pois se encontra percorrendo o caminho entre uma fase e outra. Contudo, observa-se que as transformações decorrentes do câncer e o confronto com a morte possível muitas vezes agilizam esse processo.

O confronto com a castração no registro do real pode ser vivido também como mais um chamado simbólico para sair da posição infantil. O câncer, representante da morte, produz a ideia de antecipação ou encurtamento do tempo de vida, desencadeando também uma motivação à conclusão no sujeito. Ou seja, o tempo de compreender transforma-se no momento de concluir, pois, como ensina Lacan, "[...] é na urgência do tempo lógico que o sujeito precipita simultaneamente seu juízo e sua saída" (1998, p. 207).

Concluir, para o adolescente, é sair do estado de crise, concluir a operação psíquica é colocar em ato seu desejo. Isso justifica a atitude de muitos doentes que antecipam acontecimentos em sua vida, como as primeiras experiências sexuais, o casamento, os filhos, passando a se posicionar nos relacionamentos em um lugar diferente, e ressignificando sua história de vida.

Durante vários momentos da entrevista, os jovens recordam sua infância para contar como experienciaram a situação da doença e do tratamento. Uma das jovens entrevistadas conta que, quando falaram que seus cabelos cairiam em decorrência da quimioterapia, imediatamente pensou em usar várias perucas diferentes, pois desde pequena achava interessante essa possibilidade de ter vários visuais. É algo como um sonho de criança. Contudo, quando seu cabelo realmente caiu, ela não usou nada, nem peruca, nem lenço: saiu à rua careca.

Postura similar pode ser observada com relação ao procedimento cirúrgico, pois lembra que quando criança pensava: "Deus me livre, nunca vou fazer cirurgia para nada", mas diante da doença, precisou operar e decidir isso rapidamente; então falou: "Bom, qual é a solução? Então, 'tá', vamos fazer! E bola para frente!" Não usar a peruca e aceitar a realização da cirurgia significa assumir sua posição de estar doente, de ter limites, ou seja, como foi destacado, revela a possibilidade de ter realizado o luto pela imagem anterior do corpo.

Ao mesmo tempo, a situação de doença marca uma distância fundamental entre a brincadeira de criança e a realidade de ser uma jovem doente. Diante do câncer e das perdas existentes ou possíveis, não há mais lugar para as brincadeiras de criança. Essa jovem, como muitos outros, foi forçada pela doença a amadurecer, abandonar as fantasias e as crenças da infância e a se posicionar como uma adulta. Situação que também pode ser interpretada como a realização do trabalho de luto pelo ser criança, viabilizando a saída da infância a partir das perdas decorrentes da doença.

Da mesma forma, um rapaz que precisou amputar um dos braços, quando se pergunta por que essa doença foi acontecer logo com ele, lembra-se de uma brincadeira de sua infância: colocava o braço por dentro da camisa e saía gritando: "'Ó, perdi o braço!' E saía pulando, me divertindo". Fazia de conta, mas era criança. Hoje ele não acha divertido perder o braço, e acredita que se soubesse que no futuro aconteceria isso mesmo, não teria feito nenhuma "palhaçada" desse tipo.

Esse jovem, diferente de outros que não enfrentaram essa perda, afirma que não brincaria de "não ter", porque conhece a dor de perder. Sofrer a falta provoca uma ressignificação dos valores da infância, do que é divertido ou triste, dos motivos para rir ou chorar.

Esses adolescentes exemplificaram o quanto o confronto com a possibilidade de morte pode acelerar a mudança de valores e atitudes que, nos jovens saudáveis, viria apenas com o amadurecimento e a entrada na idade adulta. Essa antecipação de alguns valores típicos dos adultos também pode ser observada nas entrevistas, quando os depoentes relataram preocupações com a situação financeira da família e o esforço em cuidar dos pais, e não apenas em se deixar cuidar por eles.

Da mesma forma que o crescimento ou amadurecimento podem ser antecipados pelo confronto com as limitações da própria existência, outras experiências de vida também podem sê-lo, principalmente aquelas que marcam etapas da existência e representam passagens, como o início da vida sexual, o casamento e a procriação.

Essas questões se encontram interligadas e se impõem ao jovem ao iniciar seu trajeto rumo à vida adulta, pois surge o tema da sexualidade em função da aparição dos caracteres sexuais secundários, o que coloca a possibilidade de exercer em ato a sexualidade genital.

O corpo não é mais o mesmo e também não tem o mesmo estatuto, ou seja, o jovem conquista sua identidade na pertença a um dos sexos, e seu corpo passa a ser reconhecido pelos outros como genitalmente maduro, desejável e desejante (Rassial, 1999b).

O luto pelo corpo infantil leva os jovens a uma aceitação, não só do novo corpo, mas também do papel que terão de assumir na união com o parceiro e na procriação. Jovens doentes temem não poder ocupar esse lugar ou se veem perdendo esse novo estatuto recém-conquistado, estatuto que, na juventude, demarca uma mudança de posição, pois, segundo Rassial (1995), o jovem é agora capaz da reprodução, o que potencialmente o coloca no lugar de pai, e a seu pai no lugar de avô. Essa diferenciação das gerações possibilita que o pai seja visto como limitado e mortal.

Frequentemente, os jovens doentes preocupam-se com essas questões e procuram inseri-las no contexto de doença, tratamento e perdas como interesses especiais. Dessa forma, paqueras e namoros muitas vezes têm início durante o tratamento, inclusive dentro do hospital. Assim, entre os novos vínculos conquistados, pode-se citar o início de um namoro.

Nessa linha, observa-se o comum interesse dos jovens não só em flertar ou apaixonar-se por outros pacientes ou seus acompanhantes, priorizando os laços de identificação, mas também pelas pessoas que trabalham no hospital.

Essas tendências evidenciam a possibilidade de estabelecer vínculos em função da doença. Nos atendimentos psicológicos realizados no hospital, seguidamente os jovens contam de seu interesse sensual por algum profissional da equipe. Ainda, em alguns casos, o interesse foi recíproco, culminando em um namoro ou mesmo casamento.

Entregar-se a um jogo de sedução com aqueles que, a princípio, apresentam-se para cuidar do corpo doente é uma atitude que pode ser interpretada como uma forma de destacar os atributos saudáveis do corpo doente. Ao mesmo tempo, verifica-se a oportunidade de usufruir dos atributos de um corpo jovem, portador de caracteres adultos e que permite entregar-se aos prazeres da existência.

Se muitos jovens intensificam esses percursos durante a doença, outros o fazem assim que o tratamento finaliza. A experiência de uma moça é exemplar, pois engravidou alguns meses depois do término do tratamento e resolveu casar-se. O desejo de casar, ser mulher e mãe é colocado em ato, deixando para trás, junto com a doença, o papel de menina, adolescente e filha.

Então, se entre os fatores que determinam a saída da adolescência se encontram a possibilidade de ter acesso a um parceiro do outro sexo e à construção da identidade adulta, os jovens que convivem ou conviveram com o câncer podem, em muitos momentos, precipitar sua saída, mostrando-se adultos, e, em outros, retroceder para uma conhecida e confortável posição infantil.

Considerações finais

Escutar adolescentes confrontados com o câncer permitiu compreender as diferentes formas de esses sujeitos viverem essa realidade. Dentre as posturas observadas, foram destacadas e agrupadas três tendências. Primeiro, a inclinação de alguns jovens a negar a doença e, ao mesmo tempo, a castração, procurando manter a sua imagem ideal.

Em seguida, foram analisadas a aceitação da doença ou reconhecimento do corpo doente e a maneira adolescente de se posicionar a partir de um estilo jovem.

Finalmente, discutiu-se a possibilidade de o jovem regredir para a infância ou antecipar sua saída da adolescência em função do confronto com a doença. Portanto, foram abordados os efeitos que o câncer pode produzir na operação psíquica que o adolescente realiza.

Vale ressaltar que essas tendências foram observadas em diferentes jovens, mas também se constatou que um mesmo adolescente pode, em momentos diferentes, ocupar cada uma dessas posições.

Referências bibliográficas

ABERASTURY, A. *Adolescência normal*. Porto Alegre: Artes Médicas, 1981.

ARIÈS, P. *História social da criança e da família*. Rio de Janeiro: LTC, 1981.

CALLIGARIS, C. *A adolescência*. São Paulo: Publifolha, 2000.

CERTEAU, M. O inominável: morrer. In: _____. *A invenção do cotidiano*. Rio de Janeiro: Vozes, 1994. cap. XIV, p. 293-303.

CHARTIER, R. O mundo como representação. *Estudos avançados*, v. 5, n. 11, p. 173-191, 1991.

DOLTO, F. *A imagem inconsciente do corpo*. São Paulo: Perspectiva, 1984.

_____. *A causa dos adolescentes*. Rio de Janeiro: Nova Fronteira, 1990.

ERIKSON, E. H. *Infancia y sociedad*. Buenos Aires: Hormé, 1970.

FREUD, S. *Correspondance, 1873-1939*. Paris: Gallimard, 1966.

_____. Os chistes e a sua relação com o inconsciente. In: _____. *Obras completas*. Rio de Janeiro: Imago, 1974a. v. VIII.

_____. Projeto para uma psicologia científica. In: _____. *Obras Completas*. Rio de Janeiro: Imago, 1974b. v. I, p. 387-529.

_____. Totem e tabu. In: _____. *Obras completas*. Rio de Janeiro: Imago, 1974c. v. XIII, p. 13-162.

GIMENES, M. G. Definição foco de estudo e intervenção. In: CARVALHO, M. M. *Introdução à psico-oncologia*. Campinas: Psy II, 1994. p. 35-56.

GOFFMAN, E. *Estigma*. Notas sobre a manipulação da identidade deteriorada. Rio de Janeiro: Guanabara Koogan, 1988.

JERUSALINSKY, A. Psicologia do Envelhecimento. *Revista da Associação Psicanalítica de Curitiba*, v. V, n. 5, p. 11-26, dez. 2001. Envelhecimento: uma perspectiva psicanalítica.

JOVCHELOVITCH, S. Vivendo a vida com os outros: intersubjetividade, espaço público e representações sociais. In: _____.; GUARESCHI, P. (Orgs.). *Textos em representações sociais*. Petrópolis: Vozes, 1994. p. 63-85.

LACAN, J. Ideal do eu e eu ideal. In: _____. *O seminário*. Rio de Janeiro: Jorge Zahar, 1975. Livro I, p. 152-167.

_____. *Escritos (1901-1981)*. Rio de Janeiro: Jorge Zahar, 1998.

MANNONI, M. *O nomeável e o inominável*: a última palavra da vida. Rio de Janeiro: Jorge Zahar, 1995.

MEIRA, A. M. G. Jogos da adolescência II. *Revista da Associação Psicanalítica de Porto Alegre. Adolescência, entre o passado e o futuro*. Porto Alegre: Artes e Ofícios, 1999. p. 153-157.

MELMAN, C. Os adolescentes estão sempre confrontados ao minotauro. *Revista da Associação Psicanalítica de Porto Alegre. Adolescência, entre o passado e o futuro*. Porto Alegre: Artes e Ofícios, 1999. p. 29-43.

NASIO, J. D. *Lições sobre os sete conceitos cruciais da psicanálise*. Rio de Janeiro: Jorge Zahar, 1995.

_____. *O olhar em psicanálise*. Rio de Janeiro: Jorge Zahar, 1995.

PASTOUREAU, M. Os emblemas da juventude: atributos e representações dos jovens na idade medieval. In: LEVI, G.; SCHMITT, J. (Orgs.). *História dos jovens*: da antiguidade à era moderna. São Paulo: Companhia das Letras, 1996. p. 249-260.

RASIA, J. M. *Hospital*: sociabilidade e sofrimento. Tese (Concurso para Professor Titular). Departamento de Ciências Sociais, Universidade Federal do Paraná, Curitiba, 1996.

RASSIAL, J. Hipóteses sobre adolescência. *Revista da Associação Psicanalítica de Porto Alegre*, v. V, n. 11, p. 25-30, nov. 1995.

_____. A adolescência como conceito da teoria psicanalítica. *Revista da Associação Psicanalítica de Porto Alegre*, Porto Alegre: Artes e Ofícios, 1999a. p. 45-72.

_____. *O adolescente e o psicanalista*. Rio de Janeiro: Companhia das Letras, 1999b.

ROSSI, A. Juventude e morte: representações da contemporaneidade. *Revista História: questões e debates*, v. 18, n. 35, p. 155-175, jul.-dez. 2001.

ROUDINESCO, E. *Por que psicanálise?* Rio de Janeiro: Jorge Zahar, 2000.

SALLAS, A. L. (Org.). *Os jovens de Curitiba*: desencantos e esperanças, juventude, violência e cidadania. Brasília: Unesco, 1999.

SCHILLER, P. *A vertigem da imortalidade*. São Paulo: Companhia das Letras, 2000.

SILVA, A. *Juventude de papel*: representação juvenil na impressa contemporânea. Maringá: Eduem, 1999.

SONTAG, S. *A doença como metáfora*. Rio de Janeiro: Edições Graal, 1984.

TUBERT, S. *A morte e o imaginário na adolescência*. Rio de Janeiro: Companhia de Freud, 1999.

ZIEGLER, J. *Os vivos e a morte*. Rio de Janeiro: Jorge Zahar, 1975.

As mulheres do *radinho*: o tratamento radioterápico em mulheres portadoras de câncer de colo de útero

José Miguel Rasia[1]

Abordaremos aqui o tratamento radioterápico do câncer de colo de útero em mulheres tratadas no serviço de radioterapia do hospital Erasto Gaertner, em Curitiba. A abordagem será feita a partir do instrumental teórico que nos fornecem as Ciências Sociais e a Psicanálise.

As mulheres que participaram deste estudo fazem parte de um grupo de doentes no qual estão incluídos não só portadoras de câncer de colo de útero, mas também portadores de outros tipos de câncer em tratamento radioterápico.

Nesta pesquisa trabalhamos com sessenta mulheres, que foram acompanhadas durante dois anos. Os critérios que utilizamos para incluí-las no trabalho foram os seguintes: estádio do câncer, vida sexual ativa, idade, estado civil, escolaridade, profissão e religião.

Como privilegiamos os aspectos qualitativos, a representatividade dos casos aqui apresentados se estabelece a partir das recorrências dos depoimentos, obtidos por meio da escuta e da observação. Nesse sentido, dois autores são fundamentais: Thiollent (1978) e Freud (1981). Os depoimentos que apresentamos aqui foram selecionados a partir do conjunto das sessenta mulheres escutadas e observadas. Como o trabalho é qualitativo, os dados receberam um tratamento estatístico prévio, cujos resultados não serão apresentados aqui. O que apresentamos, muitas vezes, aproxima-se daquilo que chamamos apresentação de caso clínico. Os casos foram selecionados pela representatividade em relação ao conjunto das mulheres estudadas.

---

[1] Professor titular de Sociologia da UFPR e do Programa de Pós-graduação em Sociologia da UFPR.

Tomamos o tratamento radioterápico como o tratamento de escolha, embora na pesquisa tenham sido incluídas não só mulheres com câncer de colo de útero, pois, em muitos casos, a radioterapia é tratamento coadjuvante à quimioterapia e ao tratamento cirúrgico. Para este texto, fizemos um recorte e trabalharemos somente com esse grupo de mulheres.

É bom lembrar que, quando tratamos de estudar o câncer, a condição de classe, a formação profissional e a escolaridade não são determinantes nem das representações sobre a doença, nem da posição do sujeito em relação à doença e ao tratamento.

Em todos os casos constatamos que a religião e a vida sexual ativa são muito fundamentais. E, nesse grupo em especial, o segundo critério assume uma importância fundamental. Sua importância deve-se ao que circula, do ponto de vista do imaginário social, sobre o câncer genital na mulher e a forma como os efeitos imaginários podem determinar as representações da sexualidade e das relações de gênero. Nesse sentido, ele é um critério fundamental para o entendimento da posição subjetiva da mulher em relação à doença e ao tratamento.

Do ponto de vista médico, a escolha pelo tratamento radioterápico decorre sempre de uma avaliação do estádio do câncer que indique a possibilidade de cura sem a necessidade de tratamento cirúrgico e quimioterápico. Quando a avaliação revela um estadiamento avançado da lesão, o uso do tratamento radioterápico se faz no sentido de reduzi-la, e tem caráter pré-cirúrgico. Nesses casos, além da cirurgia, utiliza-se também o tratamento quimioterápico para evitar e, em algumas situações, combater metástases existentes.

Sobre as mulheres que acompanhamos, das quais apresentamos aqui os resultados, todas fizeram o tratamento radioterápico em duas etapas. Primeiro, foram submetidas a uma média de 25 sessões de radioterapia com a Bomba de Cobalto ou com o Acelerador Linear, e, em uma segunda fase, a uma carga de radioterapia intravaginal ou braquiterapia (a qual elas denominam radinho).

Um pequeno número delas precisou ainda ser submetido à cirurgia e à quimioterapia. Outras foram encaminhadas para o tratamento radioterápico pós-cirúrgico. Estas últimas, na maioria dos casos, iniciaram seu tratamento em hospitais do interior ou em hospitais não especializados no tratamento de câncer. Esses casos chegam a 10% do total das mulheres aqui consideradas.

As sessões de radioterapia são feitas diariamente, sendo interrompidas nos finais de semana e feriados, sem que as mulheres estejam internadas. Só são internadas aquelas que precisam de cuidados médicos em virtude do estado clínico em

As mulheres do radinho

que se encontram. O fato de não estarem internadas as obriga a virem diariamente ao hospital, ao serviço de radioterapia.

Para aquelas que residem em Curitiba ou na região metropolitana, dirigir-se diariamente ao hospital é um incômodo, pois "tem que largar tudo para cuidar do tratamento". Esse incômodo é muito maior para aquelas que residem em cidades do interior e precisam ficar em Curitiba por um período que vai de trinta a quarenta dias:

> Tem que deixar tudo lá e ficar aqui. A vida para em função do tratamento. Nem sempre dá para ir para casa no final da semana, é caro e não compensa, pela distância e pelo tempo que a gente fica em casa. A vida da gente para mesmo. Só o que aumenta é a saudade de casa.

Nessas situações, em geral, as mulheres se acomodam em pensões próximas ao hospital, que recebem doentes com os mais diferentes tipos de câncer. Nesses locais, muitas vezes as informações que circulam entre os doentes produzem efeitos imaginários que pioram o estado psicológico das pacientes.

> A gente fica nas pensões, mas ouve cada coisa sobre a doença que só aumenta nossos nervos. Às vezes dá vontade de sair correndo. É muita coisa que se fala para aguentar. A gente fica até sem saber se acredita nos médicos ou no que se conversa na pensão.

Essas pensões e seus habitantes mereceriam um estudo por si só. O que se pode afirmar, a partir do que se ouve sobre as conversas entre os doentes nas pensões, é o mesmo que se pode dizer sobre a sala de espera para a sessão: são lugares onde cada um conta sua experiência como doente de câncer a partir do vivido e de como este é representado a partir de um ponto de vista imaginário.

Além disso, nesses encontros, tanto na pensão quanto na sala de espera, reatualizam-se os conteúdos do imaginário social em relação ao câncer e ao sofrimento que acarreta.

Nesse sentido, lembramos o ensaio de Sontag (1984) sobre o câncer e a tuberculose e o estudo de Castoriadis (1992) sobre o imaginário e, em uma perspectiva oposta, as pesquisas de Castoriadis (1992) e os estudos de Durand (1984).

Em qualquer uma das situações em que se encontre a doente – quer esteja internada por conta de seu estado clínico, quer tenha de vir de casa diariamente para a sessão de radioterapia ou tenha de ficar na pensão –, o que está em questão é o tratamento, que sempre altera seu ritmo de vida, ou, como dizem, "a vida fica em suspenso".

Em todas as situações, o que se depreende são mudanças na posição subjetiva dessas mulheres, pois o que está em questão é o enfrentamento da doença e do tratamento. Assim, mesmo aquele pequeno grupo que vem do interior e que pode ficar na casa de parentes ou amigos muito próximos, está diante de uma nova situação, com atuação direta sobre sua subjetividade.

A radioterapia intravaginal ou braquiterapia exige o internamento da doente por dois motivos que envolvem o procedimento: a preparação cirúrgica, que é a implantação do dispositivo, que irá suportar, ativar e liberar gradativamente a carga radioativa – que as mulheres chamam de *radinho* –, e a necessidade de isolamento durante a radiação.

O tempo de internamento em isolamento nesses casos varia de 72 a 96 horas, considerando a preparação, o período de radiação propriamente dito e a retirada do dispositivo intravaginal.

Nesse período, a doente fica em quarto isolado. A única companhia que pode ter é a de outra mulher que esteja passando por procedimento semelhante. O tratamento exige a imobilização no leito, não podendo a doente sentar-se nem se levantar. Quando cansa da posição de decúbito dorsal, pode deitar-se de lado por alguns minutos, mas em seguida tem de voltar para a posição original.

Ficam proibidas, por medida de segurança, visitas de familiares e amigos, para evitar contaminação pelos elementos radioativos que são liberados nessa fase do tratamento. A presença da enfermagem e dos médicos só se dá na medida estrita do necessário, em virtude dos riscos de contaminação a que estão expostos.

Assim, essa fase é marcada pelo desconforto e pela solidão, que aumentam o sofrimento da doente. O sentimento de abandono e desamparo predomina durante esse período.

Duas questões norteiam a discussão que propomos aqui: a relação das mulheres doentes com as duas fases do tratamento radioterápico e os efeitos subjetivos da experiência que vivenciam no real do corpo.

Assim, este texto é uma tentativa de interpretar o material das observações e escutas realizadas, no sentido de determinar o lugar subjetivo a partir do qual essas mulheres enunciam sua experiência e, ao mesmo tempo, como essa experiência é articulada aos efeitos devastadores do câncer sobre o corpo e sobre a subjetividade e, ao mesmo tempo, os efeitos construtivos do tratamento. Entendemos aqui os efeitos construtivos do tratamento como a forma pela qual a doente de câncer consegue livrar-se da doença, não só do ponto de vista clínico, mas também do novo olhar que ela dirige à experiência passada e à palavra com que se refere à experiência.

Da conjunção do olhar para o passado com a palavra que o interpreta emerge a subjetividade reconstruída. Assim, a cura, quando é enunciada pela doente, não se refere somente à ausência do câncer, mas também à cura psíquica.

"Vinte e cinco sessões não é muito tempo, doutor?"

Essa pergunta, dirigida ao médico, quando ele comunica à doente a decisão pelo tratamento radioterápico, é a única questão que nesse momento, não só a mulher, mas os doentes de câncer em geral, consegue articular.

Isso se deve ao fato de que os efeitos do imaginário sobre a subjetividade e a experiência que é vivida no corpo impossibilitam o entendimento das explicações médicas, mesmo quando são feitas com o uso de uma linguagem simples.

A impossibilidade que se depreende da escuta nos aponta não para uma barreira de ordem da linguagem, mas para uma ruptura no processo de alteridade. O outro, nesse momento, não é alguém com quem se possa estabelecer laços, pois ele fala de um lugar de saber que legitima tudo aquilo que, do ponto de vista do desejo, a doente gostaria de negar: o câncer, o tratamento, o sofrimento nele implicado, o que não se sabe da doença e, no limite, a possibilidade da morte.

Ou, como afirma Ricoeur (1994), o sofrimento, em um primeiro momento, impõe ao que sofre a negação do outro, por entender muitas vezes que o outro é a causa do sofrimento. A alteridade só é restabelecida quando o sofrimento passa a ser interpretado pelo doente como único e pelo qual o outro não pode ser responsabilizado.

A impossibilidade de a mulher doente indicar com um outro significante que não seja "*muito*" o que são 25 sessões de radioterapia encontra-se barrada, porque, entre o anúncio do diagnóstico, o tratamento e seu início e os primeiros efeitos, o que se pode observar é uma noção de tempo cronológico que se altera em função da mudança na posição subjetiva para quem está sob a ameaça do câncer: "Vinte e cinco sessões não é muito tempo, doutor?" Também se pode observar que, a partir do momento em que se confirma o diagnóstico e se define o tratamento, ocorre uma queda do sujeito no vazio que representa o diagnóstico, pois, diante da doença grave, a vida para o sujeito tem seu sentido modificado.

O diagnóstico que fala de algo no corpo reatualiza, no imaginário da doente, histórias relacionadas ao sofrimento e à morte que ouviu de outros doentes ou que presenciou em algum momento de sua vida. Na ausência de representações, o que se nota no corpo é um conjunto de novos sintomas, não necessariamente articulados clinicamente com o câncer.

O diagnóstico médico é o saber que sela uma nova condição subjetiva marcada pela gravidade da doença. Com isso, a doente desloca-se da posição subjetiva em que estava antes da doença para o vazio de que falamos aqui. Não podemos confundir o vazio com a falta como causa do desejo. Ao contrário, o vazio representa, para a mulher doente, a ausência de significação. Seu movimento agora se dá em uma região em que predomina o desconhecido, o estranho.

A forma mais adequada para se descrever essa situação talvez seja a aproximação com algo da ordem do invisível e, principalmente, do inominável. O tratamento é o estranho que a doente não consegue nomear e nem tornar familiar (Freud, 1981; Da Matta, 1978).

É como se uma espessa camada de neblina envolvesse o sujeito. Nessas condições, qualquer situação que envolva um procedimento médico pode ser identificada pelo doente de câncer com o tratamento, porque a doente se encontra em uma posição subjetiva que a impossibilita de saber sobre ele.

Assim, no início, os procedimentos que antecedem às sessões de radioterapia são tomados como o tratamento. As doentes, ao passarem pelos estudos radiológicos e pelos cálculos realizados pelos físicos para determinação dos campos e da dosagem de cada campo a ser irradiado, começam a falar que o tratamento já teve início: "Que bom que o tratamento já começou. Já fiz a primeira aplicação e não senti nada"[2].

Quando o técnico em radiologia explica que o que foi feito até aquele momento ainda não é o tratamento, e sim estudos preparatórios, as mulheres reagem perguntando: "Quando, então, vai começar?" Outras se mantêm caladas, saem da sala de simulação e, na companhia de outras doentes na sala de espera, afirmam:

---

[2] O termo utilizado pelos doentes, não só pelas mulheres, para se referirem às sessões de radioterapia é "aplicação".

As mulheres do radinho

> Isto não começa nunca. Pensei que já havia começado, e ainda estão dizendo que é só estudo e que devo esperar aqui, se der tudo certo, posso começar ainda hoje. Deus ajude que dê certo, senão vou repetir tudo de novo, e aí talvez só comece amanhã.

Outras nada falam, mantêm-se caladas durante toda a sessão de simulação e, quando o técnico lhes fala que terão de repetir as radiografias, começam a chorar.

Não podemos falar aqui de um mal-entendido entre a doente e a equipe que está cuidando dela. Não se trata de uma questão de comunicação, mas sim de apreendermos aí a manifestação do desejo inconsciente que nega o que lhe diz a equipe que a assiste para que ela possa imaginariamente se localizar no tratamento. Trata-se, portanto, de identificar um conflito entre o real (aquilo que a equipe lhe diz) e o que pode ser suportado subjetivamente pela doente. A fala da equipe que a assiste a faz retornar ao vazio do qual a doente procura livrar-se. Ou seja, marca-se aí mais uma vez a queda do sujeito.

O desejo da doente de livrar-se do câncer é também o desejo de retirar o sujeito do vazio em que se encontra. É isso que escutamos na negação e no espanto da doente ao saber que o tratamento ainda não começou.

Isso significa que a contagem de 25 sessões não pode começar no momento esperado, o que representa um adiamento sobre o qual sempre me interrogaram, mesmo quando o adiamento é de um dia: "Quando é mesmo que isto vai começar? Se ainda não começou, será que um dia vai terminar?" A interrogação dirigida a mim, na verdade, é dirigida a si mesma, que começa a ser tomada pela angústia produzida pela presença em seu corpo desse estranho, que é o câncer, e por um tratamento que também lhe é estranho e que não se inicia, "que não se inicia nunca".

Querer iniciar logo o tratamento é querer livrar-se o mais rápido possível do câncer e do vazio em que as doentes, enquanto sujeitos, encontram-se. Começar o tratamento tem o efeito imaginário de barrar o avanço da doença e de retirar o sujeito do vazio.

Pelo que pudemos escutar e observar, apesar desse desejo, o vazio permanece durante todo o tratamento e, muitas vezes, quando o médico anuncia que "o câncer está curado" e que a mulher pode levar vida normal, voltando para o hospital somente para os exames de controle, a paciente se desespera e chora convulsivamente.

O choro, nessas situações, não é de alegria. É um choro que vem acompanhado de uma pergunta dirigida ao médico: "O que eu vou fazer agora?" Na verdade, a pergunta não é para o médico, mas do sujeito para o sujeito, no sentido de que, a partir desse momento, é preciso reconstruir-se como mulher e como sujeito. Sair da posição de doente para a de mulher sadia.

O trabalho de reconstituição do sujeito, nesse momento, passa pelo trabalho do luto pelas perdas no corpo, de cura da ferida narcísica aberta pelo câncer e pelo tratamento. O choro está marcando a necessidade de um trabalho que ainda não pode ser começado. Trabalho de construção de uma nova imagem do corpo e de uma nova subjetividade[3].

Voltando ao significado do início do tratamento, as doentes situam nele o começo da regressão do câncer, dado que, desde o diagnóstico, segundo o que expressam em suas palavras, o câncer só progrediu. Acreditam em uma progressão tão rápida que supera qualquer verdade científica em relação ao desenvolvimento desse tipo de lesão.

A atividade do câncer é potencializada milhares de vezes no imaginário das mulheres doentes, mesmo quando o médico lhes passa as explicações sobre o ritmo de desenvolvimento do tipo de câncer de que são portadoras.

O tratamento precisa começar logo porque, como ação médica, é a única possibilidade de estancar seu crescimento. As mulheres que fizeram cirurgia antes do tratamento e as que vão iniciar a radioterapia veem a cirurgia como uma ação que não deu conta da doença: "Se tem que fazer mais tratamento, é porque ele [o câncer] ainda está caminhando". Essa situação é muito próxima da situação da avaliação que fazem da simulação ou dos estudos preparatórios para o início do tratamento.

> Quando o doutor me falou que eram 25 aplicações, fiquei maluca. Me desesperei, contei nos dedos quantos dias eu teria que vir aqui no hospital. Em casa chorei muito e me perguntei "quando isto vai acabar?" Hoje já fiz a primeira, agora só faltam 24. Minha doença começou a ser tratada. Estou um pouco mais calma, acho que hoje ela parou de progredir.

Do lugar em que se colocam as mulheres, podemos escutar e observar que elas valorizam a palavra e a ação do médico e de sua equipe, dado que a palavra e a ação partem de um outro lugar. O lugar do médico e de sua equipe é o lugar da cura, da vida que vence a batalha contra a morte.

---

[3] Nesse sentido, ver Dolto (1992).

As mulheres do radinho

Identificar no outro seu desejo inconsciente tem a função fundamental de permitir que este outro a trate, embora as mulheres em questão possuam o saber de que não estão protegidas do horror, pois no hospital o câncer e a morte não podem ser escondidos.

Embora tenham de estar diariamente no hospital confrontando o horror, é esta a via do tratamento que pode resultar na cura. O conflito entre horror e cura avança muitas vezes para além do término do tratamento. O conflito pode ser agora renomeado: não querer ver-não querer saber/ter de ver-ter de saber.

Diante disso, se o desejo de cura é fundamental, não é suficiente para que a mulher consiga sustentar-se como sujeito. O que continua a prevalecer é o sujeito caído no vazio. Retomar a vida só é possível com a superação do conflito enunciado acima e com a emergência do sujeito que sai do vazio.

A seguir, discutiremos, por uma questão de exposição, casos específicos e que foram escolhidos por sua representatividade em relação ao conjunto das mulheres tratadas que acompanhamos. Os nomes utilizados, obviamente, são fictícios.

Judith e a máquina que bufa

Judith está pronta para iniciar o tratamento. Já fez a simulação. Hoje à tarde fará a primeira sessão de radioterapia com a bomba de cobalto. Está muito nervosa, porque diz "não saber o que a espera lá dentro", referindo-se à bomba de cobalto e à câmara de radiação. E completa: "Pelo que ouço das mulheres que saem e que já fizeram algumas aplicações, coisa boa não é".

Judith vem do norte do estado, é professora do Ensino Fundamental, casada, três filhos e tem 28 anos. O marido cuida de um pequeno comércio na cidade onde moram. Os filhos são todos ainda crianças, o mais velho está com oito anos. Judith diz que sua vida sexual até o aparecimento da doença era normal. "Agora tivemos que suspender, está muito incômodo para mim. Vamos ver depois que acabar o tratamento. Fiquei com vergonha de perguntar para o médico".

Fala que o câncer tem sido até agora a experiência mais difícil de sua vida: "Parece que vai acabar tudo quando você recebe a notícia. É terrível. Enquanto o médico não me der alta, só posso dizer que tudo acabou, que não tenho mais vida. Não vivo mais, só penso na doença".

Quando Judith entra para a câmara de radiação, acompanho-a, esperando ouvir dela alguma palavra. Os técnicos a colocam sobre a mesa, tomam as providências necessárias para a radiação, e recomendam-lhe que não se mova. Antes de sairmos, um dos técnicos diz para que fique tranquila, que a porta será fechada, mas que tudo será acompanhado de fora, por meio de um monitor de vídeo. O tempo da aplicação é pouco menos de um minuto por campo. O tempo que Judith ficará sozinha na câmara não deve chegar a três minutos. Quando a porta se abre, Judith respira fundo. O técnico lhe diz que se pode sentar. Ela se senta, olha-nos como se estivesse assustada e pergunta:

– O remédio? Era aquela luzinha vermelha?
– Não, responde o técnico, aquela luz era apenas para nos ajudar a localizar com a máxima precisão possível o lugar que deveria ser irradiado. O remédio vem daqui, dessa parte da bomba.
– Então, eu não vi nada. Tem remédio aí mesmo? Pensava que fosse ver alguma coisa.

Em meio às perguntas de Judith, reaparece a questão recorrente para todos os doentes que fazem radioterapia, e não só para as mulheres: o que é o tratamento radioterápico? Como explicar que o remédio são raios que incidem sobre a lesão? Quando se explica, e sempre se explica, o doente está certo de que poderá vê-los. Alguns conseguem falar de um calorzinho e, apesar de intrigados, associam-no com a medicação. Judith, como a grande maioria, quer ver o remédio.

Diante do aparato técnico com o qual os doentes se confrontam durante a radiação e que percebem girar 360º, enquanto eles ficam imóveis sobre a mesa, ao saírem sempre manifestam um misto de alívio com a sensação de que nada aconteceu. Essa situação permanece até o momento em que começam a sentir algum efeito. No caso das mulheres, a diminuição de secreções e de dores abdominais. Naquelas que não apresentam sintomas, essa sensação permanece por mais tempo.

Continuando com Judith, sua última fala antes de se despedir da equipe:

> Nossa! Fiquei todo esse tempo lá dentro e não aconteceu nada? Não vi nada? O que eu vi não era o remédio. Fiquei com essa máquina que parecia que ia cair sobre mim... Aliás essa foi a única sensação que tive. Pensei: "se essa máquina cai, ela me esmaga".

As mulheres do radinho

Pensar na possibilidade de ser esmagada pela máquina é a sensação de Judith. É o que Judith consegue produzir, nesse momento, sobre sua experiência. Se associarmos a essa produção a queda do sujeito no vazio de que falamos anteriormente, podemos admitir que na cadeia significante aparece agora um novo significante: esmagada. Quando um corpo é esmagado, ele se transforma em pedaços quase irreconhecíveis, perde sua forma. Assim, um sujeito que cai no vazio pode representar os efeitos dessa queda como efeitos semelhantes aos produzidos por um esmagamento. Ao tocar o solo, o corpo esmigalha-se. O solo pode ser aqui entendido como o real. Assim, Judith consegue fazer um movimento que vai do imaginário ao real e do real ao imaginário. Como sujeito, Judith não consegue parar de cair. O vazio é o que se apresenta para ela.

Depois de cada sessão, o que Judith fazia questão de repetir era que o medo de ser esmagada voltava, mas que, depois que se abria a porta para ela sair, esse medo começava a passar. Depois de um tempo de tratamento, Judith queria saber quantas sessões faltavam para terminar, porque se havia perdido na conta de quantas já havia feito. A tensão e o medo presentes em cada sessão e a desconfiança de que ali não havia remédio eram o motivo principal de sua confusão em relação ao tempo:

> Com tudo que a gente passa aqui e ainda sem a certeza de que tem remédio aí, só acreditando sem poder ver, faz mesmo a gente se perder nos cálculos de quantas aplicações ainda faltam...

Além do que Judith expressa com sua fala, ainda devemos considerar o que circula na sala de espera. Cada um fala, segundo sua imaginação, sobre o que é o tratamento e de seus efeitos, bem como sobre sua duração. O que é comum, porém, é que todos desconfiem da eficácia do tratamento e se percam na contagem das sessões.

Desconfiar da eficácia está diretamente ligado à crença de que o câncer é uma doença incurável. Que, mesmo fazendo tudo o que se pode fazer, ainda não se tem nenhuma garantia de que se pode ficar curada. E nessa linha imaginária estão alinhados todos os casos de amigos, conhecidos e parentes que morreram de câncer.

O que se fala também sobre os efeitos da radiação sustenta uma representação, predominantemente imaginária, daquilo que é do real e que não consegue ser representado. Os doentes, e aqui incluo não só as mulheres, mas também os homens portadores de outros tipos de câncer, falam de dores, de grandes queimaduras, de diarreias, de insônia, de tontura constante e de algo que se aproxima de estados alucinatórios.

Segundo os médicos e a literatura sobre a radioterapia, o único sintoma, na maioria dos casos, é uma ardência na pele, semelhante àquela produzida por uma leve queimadura de sol. Nesse sentido, os sintomas – com exceção dos que os médicos reconhecem como sendo intercorrência do tratamento – podem ser tomados como o lugar do significante. Seu sentido está, portanto, naquilo que é próprio do sintoma: apresentar-se como metáfora de algo que ocorre no real do corpo[4].

> Não durmo, fico vendo aquela máquina grande e vou acompanhando o movimento dela. A cama parece a mesa em que me deito aqui. Vou acompanhando o movimento até que fico completamente tonta... depois caio num buraco. É um susto só, a noite inteira isso se repete.

Isso que nos diz Judith remete novamente ao vazio em que se encontra o sujeito. Tontura e queda são significantes que estão presentes em todos os doentes nessa fase do tratamento, e não só para as mulheres.

Quando Judith já está na última semana de tratamento, surpreende a todos que a acompanham nessa travessia:

– Hoje entendi por onde vem o remédio. Prestei atenção na máquina e percebi que quando vocês saem e fecham a porta a máquina bufa.
– Bufa?
– Sim, ela abre uma bocona que tem bem na frente, solta um vapor quente e bufa. Esse é o remédio. Senti que ficou quente, que era um vapor quente. Estou certa, não estou? Agora tenho uma novidade para contar para o pessoal que está na sala de espera. São todos meus amigos, já fiz amizade com todos...
– Ah! Sim!
– Sim, ela bufa, solta um vapor, abre aquela bocona. Quando vi a bocona aberta fiquei muito quieta, pensando: "Meu Deus, será que ela não vai me engolir?" Aquela máquina parece um bicho, faz barulho e solta vapor, parece um dragão soltando fogo. Não sei se não vou sonhar com ela. Mas agora vou até o fim. Está perto de terminar, não está?

"A maquina que bufa" foi a metáfora mais perfeita que Judith conseguiu produzir durante o tratamento com a bomba de cobalto. Agora não se trata mais

---

[4] Sobre o sentido do sintoma, ver Freud (1981).

As mulheres do radinho

de cair ou de ser esmagada. Há um deslocamento de sentido nessa produção, já que a máquina pode ser identificada com um bicho dos contos infantis, o dragão das histórias que Judith ouviu quando criança e que agora repete para seus filhos e seus alunos. Máquina que cospe vapor quente e pode engolir. Judith desliza o sentido da queda no vazio para a possibilidade de ser engolida pelo monstro.

Do ponto de vista do inconsciente permanece aqui comandando a cena – o tratamento – o estranho, o desconhecido. O que significa ser engolida pelo dragão?

Nesse momento, o deslizamento de sentido permite-nos identificar que algo de uma certa elaboração imaginária está em curso no enunciado de Judith. Habitar a barriga do dragão nos remete a pensar que, para Judith, ainda não há saída para o simbólico. O tempo do simbólico é um tempo a que Judith só chegará quando terminar o tratamento e puder olhar a experiência do câncer livre dele.

Nesse sentido, o deslocamento de sentido em Judith nos remete para o paradoxo inicial deste trabalho: a agressividade do câncer por um lado e, por outro, a agressividade do tratamento.

Agora Judith sabe algo: aquilo que habita seu corpo a faz cair no vazio enquanto sujeito, e aquilo que recebe como tratamento pode engoli-la. Assim, enquanto sujeito, Judith flutua entre o vazio e a barriga do dragão e, tanto em um caso como no outro, a possibilidade da morte é que não a abandona. E esse é o saber que todos conhecem: o câncer é uma doença que quase sempre leva à morte, embora não repouse aí uma verdade científica, dado o avanço das técnicas de diagnóstico e de tratamento.

Com todo esse esforço, não há ainda uma saída possível para o sujeito. A posição subjetiva em que Judith se encontra é ainda marcada pela doença, pelo tratamento, pelo sofrimento e pela insegurança quanto à cura. Judith prossegue:

– Aquilo [referindo-se à bomba de cobalto] é uma coisa do diabo que dá medo na gente. Aquela máquina enorme parece um monstro, um dragão de fogo com uma boca enorme que bufa e vira para um lado, vira para outro. Aqueles minutos que não passam nunca e a gente ali sem poder se mexer. Entregue. Espero que dê tudo certo, mas Deus é quem sabe. Agora eu queria ficar boa para ter um pouco de felicidade. Eu queria um pouco de felicidade... Quero ficar boa para baixar às águas.

– Baixar às águas?

143

– Sim, quero me batizar. Entrar na água para me purificar. Me purificar disso tudo, sou evangélica. Quero voltar a ser feliz com meus filhos, meu marido, meus alunos e com Deus.

Ao evocar Deus, podemos dizer, com Lacan, que, diante do mal-estar, Judith espera do grande Outro uma resposta para seu desejo de cura e de felicidade e, ao mesmo tempo, espera fundar uma nova subjetividade que lhe permita viver com os que ama e nos quais vê sua razão de ser.

Baixar às águas, batizar-se, são significantes que remetem agora ao desejo de se purificar do mal representado pelo câncer e pelo tratamento e que, ao mesmo tempo, apontam para a possibilidade do ressurgimento da mulher.

O radinho: sofrimento e desamparo

Discutiremos aqui dois casos representativos das situações enfrentadas pelas mulheres que fazem a braquiterapia. A seleção dessas informantes se fez em obedeiência ao critério de recorrência das principais questões e queixas que as mulheres se colocam durante essa fase do tratamento.

Amélia é uma mulher de 42 anos, casada, dois filhos, dentista, católica. Fala pouco. O marido é bancário. O filho mais velho está fazendo curso superior, e o mais novo está terminando o Ensino Médio. No início da braquiterapia, diz saber tudo sobre o tratamento, e por isso não tem nada a perguntar nem a comentar. Está muito quieta, um pouco deprimida pelo fato de estar com câncer:

> Nunca pensei que isto poderia acontecer comigo. Meu marido está desesperado. As coisas mudaram muito lá em casa depois que fiquei doente. Parei com o consultório há três meses.

Lucinda tem 37 anos, possui curso primário completo, é católica, casou-se aos dezenove anos e desde então trabalha na agricultura com o marido. O marido é dois anos mais velho que Lucinda. Tem três filhos, o mais velho tem quinze anos. Seus filhos estão todos na escola. Segundo os dados do prontuário, são agricultores de porte médio, o que lhes permite levar uma vida sem muitas dificuldades.

Como em todos os casos, as informações que recebem dos médicos e da assistente social antes da braquiterapia não são entendidas, pelas razões que já

As mulheres do radinho

apontamos. Mesmo Amélia que, por ser dentista, aparenta saber tudo, sabe na verdade o mínimo, aquilo que todas sabem: que está ali recebendo carga radioativa. Assim, tanto Amélia como Lucinda e todas as outras mulheres que observamos e escutamos durante a braquiterapia passam por um sofrimento que tem como base o fato de não conseguirem saber exatamente do que se trata, apesar das informações que receberam e das explicações com figuras e modelos fornecidas pela assistente social como preparação para o tratamento.

Do ponto de vista médico, a preparação para o recebimento da carga radioativa tem a dimensão de um procedimento cirúrgico simples: colocação de sonda vesical e do dispositivo que sustentará a carga radioativa. Nesse sentido, os procedimentos pré-cirúrgicos são procedimentos normais, efetuados em todas as cirurgias. Esses procedimentos são de responsabilidade de um radioterapeuta, de um anestesista, de um médico-assistente e dos demais profissionais que atuam no centro cirúrgico.

Para as doentes, esse procedimento marca o início de um novo ciclo do tratamento do câncer, e para elas é o menos compreensível e o que mais exige de seus corpos – obviamente não estamos falando das doentes que passaram por cirurgias de histerectomia. É também o período das maiores indagações sobre a condição feminina e sobre a sexualidade. Principalmente porque a maioria desses casos compreende mulheres em idade fértil e com vida sexual ativa.

Logo nas primeiras horas após a introdução da carga radioativa, tudo parece que vai bem. As queixas são de um pouco de dor, suportável com analgésicos comuns. Passadas essas horas, inicia-se outro tipo de queixa, relacionado ao desconforto e ao cansaço por estarem há mais de doze horas no leito na mesma posição e afastadas de familiares e amigos. As queixas aumentam à medida que o tempo passa. As dores reaparecem com mais intensidade e a sensação de estar suja, por não poder levantar para um banho de chuveiro, incomoda-as sobremaneira.

As queixas, embora sendo nomeadas dessa maneira – falta de banho, imobilidade no leito, proibição de companhia de familiares e de amigos –, abrem caminho para outras formas de queixas e de interrogações que revelam a posição subjetiva dessas mulheres dominadas pelo medo em suas diferentes formas.

O medo não é senão expressão das crises de angústia que experimentam nessa situação. Portanto, é o sintoma cujo sentido nos remete a pensar novamente no sujeito. Algo do sujeito está posto de forma metafórica no sintoma. Desvendar o sentido do sintoma nesses casos, pois essas mulheres não estão em análise, nem sempre é possível. Nos casos em que foi possível entender o sentido, descobriu-se que o sintoma está intimamente relacionado às perdas ocorridas durante outros momentos do tratamento, e não só no momento atual.

Considerando-se que a presença do câncer no corpo assume a dimensão de um trauma, e que o tratamento em seus diferentes momentos é traumático, por meio da teoria do trauma podemos afirmar que cada novo ciclo de tratamento reatualiza o conteúdo traumático contido no ciclo anterior e no próprio câncer. É dessa posição em que o sujeito sucumbe ao trauma que podemos apreender um pouco daquilo que está representado no sintoma. Os sintomas, tal qual descritos pelas mulheres, encadeiam-se, portanto, no momento em que se enuncia o trauma, ou seja, quando lhes é fornecido o diagnóstico de câncer. A partir desse momento, as reatualizações do trauma continuam enquanto durar o tratamento e, muitas vezes, mesmo depois, quando o médico anuncia a cura. A elaboração e a saída da situação traumática só ocorrem quando se produz uma nova subjetividade.

Lucinda fala muito e tem uma explicação para isso:

> Eu falo, falo porque não consigo ficar quieta. Preciso esquecer o que está me acontecendo, falo para me distrair. Acho que incomodo minha colega de quarto, mas não posso parar de falar. Falo do lugar onde moro, das pessoas que deixei lá para poder vir me tratar, da saudade que sinto delas. Não gosto de falar do câncer, disso eu falo pouco. Só que aqui falar ou não falar do câncer não faz diferença, neste hospital só se trata dessa doença triste. Mas mesmo assim prefiro falar do lugar onde moro, dos bichos que têm por lá, das plantas, dos filhos e do meu marido...

Lucinda fala muito por dois motivos básicos: pela angústia que experimenta devido ao câncer e ao tratamento e pela necessidade de elaborar o trauma que a envolve. A fala compulsiva traz em si a negação do câncer – "não gosto de falar do câncer, disso falo pouco" – e, ao mesmo tempo, mantém Lucinda ligada aos elementos que participam de sua história de sujeito: os bichos, as plantas, os amigos, o marido, os filhos. O lugar onde mora, neste caso, não é só um ponto no mapa, mas é o lugar das significações, é também o lugar dos significantes que a representam enquanto sujeito e onde estão os outros com os quais Lucinda sustenta suas trocas.

Ao falar de um mundo que lhe é familiar, fala de algo que lhe permite, embora negando, suportar o estranho que veio para retirá-la de lá: o câncer e as exigências do tratamento. Lucinda, ao falar do lugar de onde veio e do que existe lá, atribui um sentido metafórico a esse lugar, a esses bichos etc., dos quais ela não sabe e que talvez não saberá tão cedo: fala de um lugar em que o câncer e o sofrimento por ele representado estão em suspenso. É como se falasse de um paraíso perdido. Por isso que, em sua fala, esse lugar e o que nele habita aparecem harmoniosos, organizados, por oposição ao que ela diz que não gosta de falar, que é algo marcado pela desordem, pela quebra da harmonia. Nesse momento, Lucinda defende-se do real falando compulsivamente do ideal: "Quero ficar boa para voltar logo para lá. Encontrar meu marido, meus filhos, meus bichos, minhas plantas. Quero voltar para o meu ninho".

Quando Lucinda é tocada pelo real, afirma:

> Aqui a gente parece que fica meio bicho, não conhece ninguém e está na mão dos outros. Só conhece o pessoal do hospital, os médicos e as enfermeiras, mas não tem muita ligação com eles, nem que quisessem, parece que eles não têm tempo, são muitos os doentes que eles têm que cuidar... Veja o senhor se não tenho razão de querer voltar logo para minha casa.

Lucinda, quando se defronta com o câncer, compara-se a um bicho. Bicho que não faz laço com o outro. A impossibilidade do laço remete-a novamente ao desejo de voltar. Voltar não só como movimento de deslocamento para casa, mas como movimento também no sentido de ser o que era antes do câncer, de sair da situação traumática. De recuperar suas referências subjetivas e que estão barradas por sua condição de doente.

Amélia permanece em silêncio. Não fala de si. Interrompe a fala de Lucinda para se queixar da posição, de um pouco de dor. Pede que chame a enfermeira. Os mecanismos que Amélia usa para se defender do câncer também estão relacionados à palavra, só que, ao contrário de Lucinda, ela não fala nem mesmo que não gosta de falar do câncer e do tratamento: ela permanece calada. Não fala nem de uma situação idealizada ou imaginarizada, nem do real. O real só aparece em pequenas queixas. Nessas queixas monossilábicas de Amélia, fica subjacente a impossibilidade de qualquer enunciado sobre si, sobre o sofrimento, sobre o câncer. Amélia vive em silêncio as possíveis perdas que o câncer lhe tem imposto. Essa é a hipótese possível nesse momento em relação ao silêncio de Amélia. A fala de Lucinda parece incomodá-la, pois, às vezes, olha para Lucinda como se reprovasse seu comportamento.

Lucinda continua falando. Pergunta sobre o radinho e seus efeitos. Encorajo-a a continuar perguntando, enquanto Amélia permanece em silêncio. Em um determinado momento, Lucinda me pergunta: "O senhor não está cansado de me ouvir falar? Tenho uma pergunta para lhe fazer. Só vou fazer amanhã se o senhor voltar."

Então, Amélia resolve falar:

– Por que você não pergunta agora, já que você não para de falar? Não sei se você vai aguentar até amanhã.

– Não – responde Lucinda –, ainda não tenho coragem de perguntar. Amanhã acho que vou ter.

Deixo Lucinda e sua colega de quarto, que olha tanto para ela, que tem tanta coisa para dizer e perguntar.

No dia seguinte, Lucinda e Amélia estão queixando-se de dor e de desconforto. Dizem que estão sujas, que precisam de banho e que não aguentam mais o cheiro que seus corpos exalam há 48 horas sem banho. Amélia fala que a noite teve uma crise de choro que não conseguia mais controlar.

> Acho que foi a tensão acumulada nesse tempo todo. Não conseguia parar de chorar, comecei a sentir dor pelo corpo todo, meu coração acelerou, meus braços amorteceram. Pensei que fosse morrer. Chamei o médico que estava de plantão, que me examinou e disse que não era nada, que estava tudo bem. Me prescreveu sedativo, mas mesmo assim demorei para me tranquilizar. Só depois é que dormi. Mas de lá para cá a dor na barriga não aliviou mais. Desse jeito não sei se vou aguentar até amanhã de manhã, que é quando vão retirar essa coisa horrorosa.

O silêncio de Amélia explode sob a forma de crise. A palavra interditada para Amélia toma a forma dos sintomas de uma crise aguda de angústia acompanhada de dor. Passada a crise, Amélia pergunta-se sobre sua capacidade de suportar por mais 24 horas a situação. A hipótese aqui é de que Lucinda acabe suportando melhor o tratamento pelo fato de falar muito sobre si mesma, ao contrário de Amélia, que se manteve em silêncio. Um silêncio que lhe foi imposto pelo real.

Amélia continua falando:

> Se eu soubesse que era tão ruim assim, não teria colocado essa porcaria, teria feito logo uma cirurgia... Se pudesse sair, abandonaria o tratamento agora. É um preço muito alto que a gente tem que pagar por esse tratamento. Não pensei que fosse assim.

As mulheres do radinho

Amélia recomeça a chorar. Enquanto Amélia chora, Lucinda permanece calada. Amélia está entregue ao sofrimento. O real a abate. Ela encarna agora o trauma, resultante de uma experiência vivida em um tempo que começou com o estabelecimento do diagnóstico e que se marca pela primeira queda no vazio e que nem Amélia, nem as outras mulheres saberão quando terminará, pois o anúncio da cura pelo médico não representa necessariamente sair do trauma.

A braquiterapia representa o ponto de inflexão mais forte do câncer em seus efeitos traumáticos para essas mulheres, dado que aí o sujeito desamparado se encontra com o real em toda sua brutalidade, em que nenhuma significação é possível. "Sou só eu e meu câncer", diz Amélia. "Quem sou eu?", pergunta Lucinda.

A subjetivação da experiência vivida no corpo tem permitido que as doentes suportem melhor o tratamento e reajam com mais regularidade – sem grandes crises como a de Amélia – ao período em que ficam, como todas dizem, "abandonadas no quarto, com essa coisa horrível na barriga".

Entendo que o que foi dito antes da crise de Amélia e a própria crise portam um sentido: as duas mulheres sofrem, cada uma a seu modo, por estarem com seu corpo sendo invadido pela radiação que não conseguem controlar e pelo câncer que as faz sentirem-se destroçadas. O mau cheiro que exalam as remete à deterioração, como o isolamento as remete ao abandono e ao desamparo. Estão em um lugar que não reconhecem como seu: o lugar do sofrimento e da subjetividade arrasada. Isso nos faz entender também porque Lucinda se refere ao ninho – "quero sair logo para voltar para casa, para o meu ninho". É no ninho, na casa, junto ao marido, aos filhos, aos bichos e às plantas que Lucinda pode encontrar-se novamente com a subjetividade perdida. Amélia, do mesmo modo, fala de sua casa, do marido, dos filhos e do consultório. O tempo dedicado à braquiterapia presentifica para ambas, mais uma vez, o vazio no qual o sujeito caiu. É o mesmo sentido que tem para Judith e para todas as mulheres que escutamos e observamos, cada uma, porém, a seu modo.

Na véspera do encerramento da braquiterapia, encontro-as um pouco mais animadas pela perspectiva da saída na manhã seguinte. Lucinda começa a falar:

– Hoje vou-lhe fazer a pergunta que ainda não fiz.
– Sim.
– Depois de todo esse tratamento, a gente pode ter uma vida sexual normal com o marido? A gente vai poder ter relações de novo? Porque falam tanta coisa na sala de espera que a gente se apavora. Dizem que mulher que faz esse tratamento fica fria e que o marido abandona. É verdade?

Peço que ela me fale do que os médicos e assistente social lhe disseram antes de iniciar a braquiterapia. Aos poucos, ela vai lembrando, e conclui que, depois de terminado o tratamento, a vida sexual poderá voltar ao normal. Amélia diz: "Não quero saber disso agora. Agora quero é mesmo sair do hospital".

A sexualidade posta em questão por Lucinda, a posição que assume de querer saber sobre a possibilidade de retomar sua vida sexual, remete-nos a questão não só do desejo sexual, mas à questão maior da feminilidade, que Lucinda teme haver perdido na trajetória traumática do tratamento. Reconstruir a vida para Lucinda passa pelo exercício da sexualidade e da feminilidade, pela reafirmação de seu desejo e de seu corpo familiar diante do corpo do outro, o homem, com o qual viveu, teve filhos e quer continuar vivendo.

> Eu lhe perguntei isso porque quero continuar com meu marido. O senhor sabe do que estou falando... Por isso achei melhor não sair daqui sem perguntar, porque a gente ouve tanta coisa naquela sala de espera, que a mulher não presta mais depois desse tratamento, que não procura mais o marido, que o marido não quer mais a mulher, vai embora, procura outra que não teve câncer...

Lucinda e todas as mulheres que passaram pela experiência de ter um câncer de colo de útero e do tratamento possuem em comum essa questão. Nem todas, porém, conseguem formulá-la. A maioria leva a questão para casa e, provavelmente, vai enfrentá-la em um outro tempo, no tempo em que a subjetivação da experiência vivida no corpo possa completar-se.

Referências bibliográficas

CASTORIADIS, C. *A instituição imaginária da sociedade*. Rio de Janeiro: Paz e Terra, 1992.

DA MATTA, R. O ofício de etnólogo, ou como ter "Anthropological Blues". In: NUNES, E. *A aventura sociológica*. Rio de Janeiro: Jorge Zahar, 1978. p. 23-25.

DOLTO, F. *A imagem inconsciente do corpo*. São Paulo: Perspectiva, 1992. DURAND, G. *Les structures anthropologiques de l'imaginaire*. Paris: Dunod, 1984.

FREUD, S. *Obras completas*. Barcelona: Biblioteca Nueva, 1981. Vol. 3.

LACAN, J.*O seminário*. Rio de Janeiro: Jorge Zahar, 1986. Livro 1: os escritos técnicos de Freud.

_____. *Escritos*. Rio de Janeiro: Jorge Zahar, 1998.

MANNONI, M. *O nomeável e o inominável*. Rio de Janeiro: Jorge Zahar, 1995.

ELIADE, M. *O sagrado e o profano*: a essência das religiões. Lisboa: Livros do Brasil, s.d.

RASIA, J. M. *Hospital*: socialidade e sofrimento. Tese (Livre-Docência em Sociologia). Universidade Federal do Paraná, Curitiba, 1996.

_____. Sofrimento e sociabilidade: o imaginário entre doentes de câncer. In: ROCHA PITTA, D. P. et al. (Orgs.). *Anthropológicas*. Recife: UFPE, 1998. p. 32-54.

_____. *Subjetividade e temporalidade em presença do câncer*. Conferência apresentada no I Encontro Transdisciplinar em Saúde. Curitiba, UFPR/IESS, 1999.

_____.; RODRIGUES, E. A representação de doença entre pacientes portadores de neoplasias. *Revista de Ciências Humanas*, n. 3, 1994.

RICOEUR, P. *Finitude et culpabilité*: la symbolique du mal. Paris: Aubier, 1960.

_____. La souffrance n'est pas la douler. *Autremment*, v. 142, fev. 1994.

SONTAG, S. *A doença como metáfora*. Rio de Janeiro: Graal, 1984.

THIOLLENT, J. M. M. *Crítica metodológica, investigação social e enquete operária*. São Paulo: Polis, 1978.

O diagnóstico de morte

Paulo Rogério Mudrovitsch de Bittencourt[1]

Uma revisão bibliográfica de publicações com o tópico "brain death" no *PubMed* da *National Library of Medicine do National Institutes of Health* feita em novembro de 2005, mostrou uma série de publicações, como "The problems with the validity of the diagnosis of brain death", que colocam dúvidas sobre a validade dos métodos atuais de diagnóstico de morte cerebral.

> [...] brain death as "death" and organ transplantation [...] historically linked [...] mid twentieth century [...] development of a neurological definition of death was introduced to justify the removal [...] viable organs [...] brain death cannot be diagnosed reliably using established practices [...] understanding of raised intracranial pressure [...] understanding of brain death [...] move forward in our conceptualization of phenomenon of profound coma associated with massive brain damage. If examination for "brain death" is to be carried out at all, there needs to be an examination and re-evaluation of practices and protocols. (Sandin-Huard; Fahy, 2004)[2]

Outro grupo de médicos colocou dúvidas semelhantes: .

> Analysis of the scientific criteria [...] diagnosis of death [...] intellectual rigor [...] definition of medical concepts [...] critical issue as the diagnosis

---

[1] Professor Titular de Doenças do Sistema Nervoso (UFPR, 1991) e PhD em Neurologia (Universidade de Londres, 1981).

[2] [...] morte cerebral como "morte" e transplante de órgãos [...] historicamente ligada [...] metade do século XX [...] desenvolvimento de uma definição neurológica de morte que foi introduzida [...] para justificar a remoção [...] órgãos viáveis [...] morte cerebral não pode ser diagnosticada confiavelmente utilizando práticas estabelecidas [...] entendimento de hipertensão intracraniana [...] entendimento de morte cerebral [...] progredir na nossa conceitualização do fenômeno de coma profundo associado com dano cerebral maciço. Se algum exame para "morte cerebral" tiver que ser feito, deve haver um exame e uma reavaliação de práticas e protocolos.

> of death [...] cardiorespiratory criterion [...] "the irreversible cessation of the functioning of an organism as a whole" [...] cadaverous phenomena appear immediately [...] doubts [...] concerning the theoretical and the inner consistency of [...] brain death [...] does not satisfy [...] "the irreversible cessation of the functioning of an organism as a whole", nor [...] "total and irreversible cessation of all functions of the entire brain, including the brain stem" [...] (Echeverria, 2004)[3]

Para praticamente todos os médicos atualmente trabalhando em hospitais, o conceito de morte cerebral é um fato consumado, e muitos já tiveram algum contato com os procedimentos necessários para tal diagnóstico. Não deve ser surpresa, porém, que pessoas recém-chegadas à realidade de um procedimento de determinação de morte tenham ideias diferentes e questionem esse conceito. O que parece regra para quem foi criado com o conceito de morte cerebral pronto, ou seja, todos que cursaram escolas de medicina desde os anos 1960 ou 1970, é, na verdade, uma revolução conceitual monumental.

Durante pelo menos cinco milênios de história humana sobre os quais existe registro escrito, a morte sempre foi um conceito terminal, incondicional e definitivo de um estado de falência completa da vida em todos os seus sentidos, exceto do "espírito".

Na década de 1950, após a Segunda Guerra Mundial, a medicina ocidental explodiu em um progresso vertiginoso que vem até hoje. Em questão de dez ou quinze anos, o sistema médico começou a manter pessoas vivas artificialmente, por meio de cuidados de assepsia, vasculares e respiratórios intensivos.

Logo começaram os primeiros transplantes, e apareceram questões legais mais prementes que as éticas – na época, pelo menos. Em 1968, um comitê *ad hoc* da Harvard Medical School estabeleceu o conceito de *brain death*. Cabe aqui um parênteses. *Brain* é uma palavra em inglês para a qual não existe similar exato em português, seria algo como "miolo". No francês, a palavra é *cervau*, se não estou enganado, por ter pedido isso em um restaurante francês, certa feita, e levar o maior susto ao receber na mesa fatias de cérebro, e não um filé de cervo. Porém, "cérebro"

---

[3] [...] assunto do diagnóstico de morte [...] critérios cardiorespiratórios [...] " a cessação irreversível do funcionamento de um organismo como um todo" [...] fenômenos cadavéricos aparecem imediatamente [...] dúvidas [...] relacionadas com a consistência teórica e interna de [...] morte cerebral [...] não satisfaz [...] " a cessação irreversível do funcionamento do organismo como um todo" , nem [...] "a total e irreversível cessação de todas as funções do cérebro inteiro, incluindo o tronco cerebral" [...]

definitivamente não é a tradução de *brain*. Esta é uma palavra muito mais coloquial, que qualquer criança, pessoa pobre ou de menor educação sempre conheceu bem na língua inglesa.

Mesmo tecnicamente, cérebro não é *brain*. *Cervau* provavelmente é cérebro: a parte do sistema nervoso central que fica acima da tenda do cerebelo no crânio humano, ao passo que *brain* inclui todo o sistema nervoso craniano, incluindo o que fica na fossa posterior do crânio, ou seja, o tronco cerebral e o cerebelo. Tecnicamente, deveríamos falar em encéfalo, que inclui o cérebro, o tronco cerebral e o cerebelo. O Royal College of Physicians endereçou esse problema diretamente quando publicou, em 1976, os critérios britânicos de *brain stem death*, ou "morte do tronco cerebral".

Tendo chegado a Londres para minha educação neurológica em 1977, muito jovem, fui educado com um conceito que sempre, desde então, utilizei em minha prática clínica, ou seja, o conceito de que, uma vez estabelecido o critério de morte de tronco cerebral, estava diagnosticada a morte. Dessa perspectiva, é muito óbvio que o tronco cerebral é a estrutura humana definitiva e indispensável para a vida. Ali está o controle final inconsciente da respiração, deglutição, de todos os movimentos e de toda a sensibilidade de todas, mas todas mesmo, partes do corpo humano.

A experiência mostra que, uma vez morto o tronco cerebral, são horas, no máximo poucos, muito poucos dias para o sistema cardiovascular também entrar em colapso. Também no tronco cerebral está a origem dos sistemas neuronais que mantêm e regulam a consciência, o chamado sistema reticular ascendente.

Os americanos, talvez devido à diversidade de sua cultura e à ganância de seus advogados, fizeram uma confusão crescente nesses quase quarenta anos de conceito de *brain death*. Também pesou a certeza de os EUA serem os donos da verdade, e, quando necessário, criarem sua versão da verdade.

Assim, em 1994, a American Academy of Neurology estabeleceu os critérios que até hoje são os internacionalmente mais aceitos de *brain death*, ou, entre nós, morte cerebral. Publicado como um documento interno para seus membros, chamado de "*Practice Parameter*", ou um "Parâmetro de Prática Clínica", estes critérios são:

- Pré-requisitos
  - Catástrofe de sistema nervoso central compatível com a morte, por exemplo, um grande trauma, hemorragia por aneurisma, ou o estado

após uma infecção como meningite gravíssima ou após uma parada cardíaca com ressuscitação tardia.
- Exclusão de outras causas no restante do corpo que possam causar uma disfunção cerebral grave, como choque cardiogênico, infecção em atividade, intoxicação ou efeito cumulativo de drogas lícitas ou ilícitas, ou hipotermia.

- Achados clínicos cardeais.
  - Coma sem resposta a qualquer estímulo, inclusive dor extrema.
  - Ausência dos reflexos de tronco cerebral.
  - Apneia testada de acordo com procedimento específico.

Nesse sistema, um teste clínico completo é suficiente, porém, uma confirmação em seis horas pode ajudar. Além dos critérios puramente clínicos, uma angiografia pode demonstrar a ausência de circulação sanguínea intracraniana; o eletroencefalograma pode demonstrar a ausência de função do cérebro; uma forma de ecografia, chamada *Doppler intracraniano*, também pode ajudar a determinar a falta de circulação sanguínea, sendo que o SPECT, uma cintilografia cerebral, mostra a circulação de uma forma diferente.

Os americanos perderam a chance de facilitar as coisas ao colocar em quinto lugar os chamados potenciais evocados, um exame no qual se estimulam estruturas periféricas do sistema nervoso e grava-se a resposta dentro da cabeça – grosseiramente, como se grava um eletroencefalograma, porém os aparelhos filtram tudo e sobram os potenciais relacionados aos estímulos periféricos.

A American Academy of Neurology determinou, em quinto lugar dos exames, que os potenciais evocados a serem testados seriam a resposta cortical, no topo do crânio, ao estímulo de nervos nos braços ou nas pernas. Os britânicos já haviam estabelecido, em 1976, que o ideal seriam os potenciais evocados auditivos. Nesse exame, estimula-se o ouvido e grava-se a resposta do tronco cerebral. Este é um exame muito forte: os potenciais evocados auditivos de tronco cerebral são resistentes a tudo: drogas, infecção generalizada e até mesmo hipotermia, desde que não extrema.

Angiografias sempre envolveram uma despesa grande com cateterismos, materiais, médicos, auxiliares. *Doppler* intracraniano, SPECT, potenciais evocados ou cintilografia não estão disponíveis de maneira disseminada. Sobra o eletroencefalograma, um exame que qualquer pessoa sabe que informa sobre o funcionamento do cérebro, e que é barato e relativamente disponível. A ideia popular sobre o EEG é correta: demonstra o funcionamento do cérebro, a parte do sistema nervoso central que fica logo abaixo do topo da cabeça – na verdade, o córtex cerebral.

E aqui, em Curitiba, o que se passou? De minha parte, apliquei meu conhecimento de morte de tronco cerebral desde os anos 1980, e, em geral, minha opinião clínica foi seguida por muitas famílias e muitos médicos da UTI do Hospital Nossa Senhora das Graças.

Foi nos anos 1990 que os transplantes se tornaram uma realidade no Brasil, quando o SUS começou a oferecer um bom pagamento por eles. No Brasil, e no mundo que chamamos de "ocidental", o Sistema Único de Saúde (SUS) – e seus equivalentes – sempre foi composto por hospitais públicos ou de caridade, estes últimos quase uniformemente católicos. Apareceu, então, João Paulo II, e, entre muitas de suas atitudes cientificamente corretas, como reconhecer com séculos de atraso o trabalho de Galileu, reconheceu também que poderia haver uma morte "cerebral", estabelecida por médicos, sem a morte total, um evento até então "divino". No meio de toda a revolução que esse homem incomum catalisou, a Igreja Católica passou a aceitar, de uma hora para outra, e imediatamente padres e freiras passaram a o estabelecer comitês de transplante de órgãos.

Em Curitiba, no decorrer dos anos 1990, isso ocorreu ao mesmo tempo que o início dos transplantes de fígado, financeiramente muito positivos para entidades que lutavam de todas as maneiras para sobreviver, atendendo ao deficitário Sistema Único de Saúde brasileiro. Ao mesmo tempo que um grupo ligado ao Hospital de Clínicas da Universidade Federal do Paraná cristalizou no Conselho Regional de Medicina do estado do Paraná os critérios de morte, estes passaram a ser aceitos no Hospital Nossa Senhora das Graças. Os critérios paranaenses foram muito semelhantes aos britânicos, demonstrando, de meu ponto de vista, bom senso e verdade.

E o que aconteceu depois, na década atual? Formaram-se comitês hospitalares e conselhos municipais estimulando e controlando doações de órgãos. Esses comitês, justamente, são compostos de leigos de todo tipo, representando as famílias e os diversos profissionais da saúde que atendem aqueles que estão morrendo em UTI's e que podem doar órgãos.

Para essas pessoas, deve ser o fim do mundo ter de depender de um neurologista para decidir se uma pessoa está morta. O ser humano gosta de poder, e não aceita que outro ser, tão humano quanto ele, possa definir uma realidade tão grave, séria e aguda como a morte. Um ser humano de qualquer origem, mecânico de automóveis ou político de um partido popular, como é comum em comitês populares brasileiros, simplesmente deleta a possibilidade de que um colega seu de comitê possa ter o poder de determinar um evento até então divino, a morte, e ele não.

Católicos e funcionários públicos, membros de comitês de transplantes, querem um papel assinado, que atenda à finalidade legal. Conhecedores da corrupção endêmica em vários setores da sociedade, querem um certificado, um resultado de exame, que transfira para uma máquina aquilo que eles, ou qualquer ser humano, não pode ter o poder de executar: o divino poder da vida ou da morte. O eletroencefalograma é o instrumento ideal para exercer esse papel de protagonista: um exame disseminado, disponível, com credibilidade popular.

Hoje em dia, pelo mundo ocidental afora, o diagnóstico de morte "cerebral" é feito por um médico que tenha algum conhecimento neurológico, que precisa repetir seu exame clínico em 24 horas, apoiado pelo EEG.

E o futuro? Ninguém quer pagar pelo exame que indica a morte. Nem o convênio do doador de órgãos nem as pessoas que vão receber os órgãos. Muitos neurologistas jamais receberam pelo serviço, que rende bastante para os hospitais e para os médicos que executam o transplante. O EEG de morte cerebral é executado por um técnico, que precisa vir de táxi de algum subúrbio, na presença do médico, já que existem normas para a execução do exame que não são usuais.

Será bem mais fácil um convênio aceitar uma ressonância magnética ou uma tomografia nessa circunstância do que um EEG. E o EEG alegremente passará essa função adiante. A ressonância e a tomografia já fazem angiografias sem cateterismos, e podem determinar a ausência de circulação sanguínea e, portanto, a morte. Esses exames tendem a ficar mais baratos com o tempo. O futuro mais provável, então, é que o diagnóstico de morte cerebral, de morte encefálica, de morte simplesmente, seja executado pela opinião de um médico de UTI, abalizado por um exame de ressonância ou tomografia.

Referências bibliográficas

SUNDIN-HUARD, D.; FAHY, K. The problems with the validity of the diagnosis of brain death. *Nursing and Critical Care*, v. 9, p. 64-71, 2004.

ECHEVERRIA, C. *et al.* The diagnosis of death. *Revista Médica de Chile*, v. 132, n. 1, p. 95-107, jan. 2004.

Volte para casa e desmanche o quartinho

Vânia Regina Mercer[1]

O luto perinatal

> Parto do princípio
> que todo parto é natural
> nascer de cócoras, na água ou com fórceps
> é nascimento igual
> cirurgia computadorizada
> ou dar à luz entre índios
> todos no fim são bem-vindos
> morrer é que não é normal
> (Marta Medeiros, 1999, p. 155)

A psicanálise nos remete com frequência à temática do bebê imaginário e não à morte real do bebê. Embora os progressos da ciência endossem a ilusão do desejo expresso no último verso do poema, atualmente "morrer é que não é normal", nosso tema refere-se à morte real do bebê.

Antes do advento do antibiótico, era comum em toda a família a vivência da perda de filhos. Bettelheim (1989) descreve, em seu livro *Sobrevivência e outros estudos*, a solidariedade feminina, no calor da cozinha das casas, preparando panos quentes, para atender a parturiente e seu bebê, e a frequência com que compartilhavam o luto de natimortos, ou de ambos, da mãe e do recém-nascido.

Se o poema diz que todo parto é natural, a concepção deixou de sê-lo.

---

[1] Psicóloga formada pela PUC-PR, psicanalista, filiada à Association Psychanalytique de Paris, *membre adherent* da Association Espace Analytique de Paris, mestre em Educação pela Universidade Federal do Paraná (UFPR) e responsável pelo Programa de Travessias.

Vamos encontrar muitos paradoxos decorrentes do progresso das ciências, como os indicados em *Sciencie et Vie* (Balleydier; Garnier; Rossion, 2001): "A idade da mãe, mais do que a técnica, pode estar na origem das complicações; mas são as PMA [Procriação Medicamente Assistida], que favorecem as gestações tardias [...]" e múltiplas?

Ou ainda, segundo Flis-Trèves:

> [...] a ideia da morte acompanha o percurso das mulheres estéreis [...] Hoje, ainda, o desejo do filho que não vem é vivido como ausência, amputação de uma função feminina essencial, e remete sem cessar à ideia de morte [...] (1996, p. 157)

A temática deste trabalho, equipes de saúde (Mercer, 1999), morte e processos de luto, tem sido meu objeto de estudo desde 1992[2]. Para este trabalho, realizei estágios em um Hospital Universitário e em uma maternidade particular[3], de observação e escuta de mães que se encontravam internadas por gestação de risco, trabalho de parto ou pós-parto e em UTI's neonatais. Em um processo de livre observação, a demanda da equipe para que eu ouvisse Helena[4] – primigesta, 41 anos, quadragésima semana de gestação –, que estava em trabalho de parto sabendo que daria à luz a um natimorto, promoveu o recorte de minha pesquisa: O luto perinatal[5]. Portanto, meu objeto de estudo passa pelas relações de perdas, reais, objetais, simbólicas ou narcísicas, próprias da existência.

Para pensar a vivência da parturiente Helena e as manifestações provenientes de seu discurso, encontrei em um estudo de Rousseau e Moreau (1984) pontos que considero válidos para discutir aqui.

---

[2] Programa de Estudos e Clínica de Travessias e Perdas, registrado em abr. 2001.

[3] Hospital Evangélico de Curitiba (de junho de 2000 a maio de 2001) e Maternidade Nossa Senhora do Rosário (de julho de 2000 a maio de 2001).

[4] Helena, nome fictício atribuído à paciente cujo acompanhamento permeará o estudo.

[5] Consideramos aqui o conceito de mortalidade perinatal como a soma da mortalidade natal precoce (até sete dias) às mortes fetais após a vigésima segunda semana de gestação. Segundo o DSM 10, a mortalidade infantil divide-se em mortalidade neonatal (ou infantil precoce), que vai do nascimento até 28 dias de vida, mortalidade pós-neonatal (ou infantil tardia), que vai do nascimento até sete dias de vida, e neonatal tardia, após o sétimo dia até o vigésimo oitavo dia de vida. A razão dessa divisão é que, como indicadores de saúde, as mortes nesses períodos têm significado diferente.

Volte para casa e desmanche o quartinho

Nele, temos a indicação de que gravidez faz pensar em um final feliz, embora mesmo em um país desenvolvido o final feliz não ocorra e a decepção que o substitui ocupe de 20% a 30% dos casos. São situações[6] que independem da qualidade do acompanhamento pré-natal.

Para os médicos neonatologistas de hoje, que trabalham nas modernas instalações de uma UTI neonatal, o volume de experiências com óbitos talvez não seja numericamente significativo e, comparativamente aos velhos tempos, os sucessos a contabilizar são mais numerosos.

Após oito meses de estágio na maternidade, ouvi, pela primeira vez, uma demanda médica compatível com minhas questões de articulação teórico-prática. "Gostaria que você falasse para a gente sobre a comunicação da morte do bebê aos pais. Nós, médicos, não somos preparados para isso. O curso não oferece isso. Sei que cabe ao médico fazê-lo". Então, foi organizado um encontro com a equipe de neonatologia, que se viabilizou quatro meses depois.

Que é necessário pensar sobre como dar essa notícia, não há dúvida, mas é preciso haver um desejo para que se pense isso, e é por meio da demanda que ele pode ser reconhecido. Mas nem sempre podemos atender à demanda, sobretudo não devemos responder inteiramente a ela, para que o desejo continue vivo, do contrário, estaremos atendendo à necessidade, segundo Lacan, e fechando a possibilidade de interlocução.

Já no Hospital Universitário, ao comunicar à chefe do serviço que trabalho meu estágio havia suscitado, foi feito um pedido para que eu falasse do tema para a equipe de Neonatologia. Ao aceitar imediatamente o pedido, não permiti que a demanda fosse formulada, e no dia e hora previstos ninguém me aguardava. Aos poucos, construiu-se uma demanda mais teórica do que fruto de um desejo do grupo. A clientela foi a equipe de pediatria, que inicialmente chegou a manifestar seu descontentamento em começar um dia pensando ou ouvindo sobre a morte.

Jean-Pierre Lebrun (s.d.), em seu artigo "Não existe um consentimento esclarecido!", mostra que a urgência dos procedimentos que decorrem do nascimento de um prematuro não permite que a família seja informada e consultada sobre o encaminhamento clínico do bebê para uma UTI neonatal. Somente depois de

---

[6] "Viabilidade inicial do feto, abortos espontâneos, interrupções voluntárias, malformações, deficiências congênitas, casos de morte súbita".

realizados os primeiros procedimentos é possível inteirar a família das implicações dessa realidade que ali se colocou.

Posteriormente, ilustrarei essa ausência de intervalo, própria da prática médica, com duas situações ocorridas, nas últimas décadas, antes de ser oferecida à família a possibilidade de alojamento conjunto nas maternidades e permanência de pais nas UTI.

Se existe um óbito de bebê a ser comunicado, podemos começar pensando:

- Em qual era o desejo quando da concepção dessa criança do homem e da mulher nela implicados, que nem sempre formam um casal no sentido afetivo do termo;
- na reação à notícia dessa gravidez;
- na possibilidade de um dos pais ou ambos serem portadores do vírus HIV;
- se no contato da família com o pediatra ou o neonatologista se teria estabelecido uma relação transferencial;
- se, por meio da anamnese hospitalar, podem-se ter dados de outras perdas sofridas pela mãe ou pelo pai ou da história familiar para que se projete minimamente qual é o "mito familiar" sobre a morte de bebês;
- nos riscos de abortos, doenças genéticas e fantasias ou fantasmas durante a gestação.

O conto "Não cobiçarás a mulher do teu próximo" (Torero, 2000, p. 97-103) descreve o seguinte:

> [...] O Flamengo é a segunda coisa que Pacífico mais gosta na vida. Só perde para as crianças. Pacífico acha que ser pai é uma graça divina, uma bênção sem igual. Mas ele tem um problema, é estéril. Não pode ter filhos. Por isso, quando decidiu casar, Pacífico tratou de escolher Marinalva, a moça com pior fama no bairro. Seu plano deu certo. Marinalva já teve doze filhos. E, curiosamente, os doze se parecem com Átila, o vizinho.[7]

---

[7] Esterilidade: "Fora da esterilidade pessoal do homem e da mulher, constatamos casos de esterilidade que não são imputáveis nem a um nem a outro dos cônjuges, mas à sua união e onde cada um dos dois faz prova de fecundidade trocando de cônjuge". (Secura, In: Heritier, p. 83).

Volte para casa e desmanche o quartinho

O desejo tem sua lógica e ética próprias, por isso não podemos partir de nossa moral, mas sermos éticos na escuta da história e do sofrimento de cada enlutado. Nem sempre podemos avaliar o que representa um bebê para um casal ou um dos pais.

Em gestações decorrentes de estupros, a possibilidade de uma solução mágica, como um óbito, pode, eventualmente, atender ao desejo de alguma mãe, promovendo um aparente alívio. Porém, há todo um trabalho a ser feito para que essa pessoa possa vir a ter uma futura vida amorosa, ser mãe e não ser condenada por seus pensamentos hostis e olhares e palavras que desvelem a ambivalência que um drama como esse pode suscitar.

Nessa área, a palavra exige todo cuidado.

Em um atrito administrativo, o funcionário diz ao pai que desejava entrar para a visita: "exceções só em caso de óbito". O pai consegue entrar e relata o fato, a mãe, ao saber dessa fala, entra em angústia e desespero, sem saber se estaria acontecendo algo com seu bebê para que o funcionário dissesse aquilo.

Uma enfermeira me relata que um dia um médico comunicou à família: "O bebê foi ao óbito". A reação foi: "E quando ela volta de lá?" A família desconhecia a expressão e não recebeu a mensagem. Outro médico acrescenta: "Disse à família que a situação era muito grave e havia risco de vida. Logo fui interrompido por outro familiar, que me perguntou: 'Mas, doutor, e tem risco de morte?'".

A comunicação do óbito[8] pode ser considerada pela equipe a última etapa do acompanhamento, limitando-se à preocupação com o anúncio.

Aqui entraremos na profilaxia do luto patológico, dialogando com o protocolo de Rousseau e Moreau.

Comecemos por duas premissas básicas e pelo conceito de luto:

- A inversão da ordem natural agrava o luto.
- A gravidez é um acontecimento que favorece a reativação de luto inacabado.

---

[8] Entre as expressões referidas pela equipe da pediatria como utilizadas para comunicar à família, encontro mensagens diretas: "Morreu", "Faleceu", "Nos deixou", "Se foi"; apoio no discurso religioso: "Deus sabe o que é melhor para nós... tudo está sob seu controle"; discurso da impotência: "Foi feito todo o possível, mas o caso dele era muito grave e ele não conseguiu suportar, infelizmente ele faleceu". Eu simplesmente balancei a cabeça negativamente, sem dizer nada, com grande sensação de impotência; identificação: "Sinto muito, perdemos o bebê".

A maneira de fazer essa comunicação é de importância especial para a saúde psíquica da mãe e de sua família, assim como para a relação do casal e, portanto, para a saúde familiar e social.

No estudo do luto, devemos considerar o luto normal e o luto patológico, atualmente também chamado de luto complicado. Podemos acrescentar ainda o luto antecipado e o estudo do trabalho de luto.

Conceito de luto

> O luto é às vezes (o estado de luto) no qual nos coloca a perda de um ser amado ou de um objeto que tinha valor; os costumes (ritos) que acompanham este acontecimento (estar de luto) e o trabalho psicológico (viver seu luto) necessário, universal e obrigatório que esta situação implica. (Hanus, 1976)

Viver é perder[9], "todo contentamento dos mortais é mortal", disse Montaigne e "só a morte é imortal", teria dito Spinoza (Montaigne e Spinoza, in *Autrement*, p. 21).

> (...) Constatamos que a dor não é ligada à perda, mas ao trabalho de luto, entendendo-se que a palavra luto significa não perda, mas reação à perda. (Nasio, 1997)

Uma nova gravidez

Observe-se a frequência com que ocorre uma nova gravidez logo após a perda de um bebê. Este virá no lugar do morto. Muitas vezes os pais não querem nomear logo o bebê, para ver se vai "vingar", e guardam o nome desejado para o próximo. Ocorre ainda o contrário, quando todos os bebês, na sequência dos óbitos, recebem o mesmo nome, como Salvador Dali e Van Gogh.

Existem controvérsias na compreensão desse processo, pois a vida é uma sucessão de ligações e desprendimentos que lhe são próprios: no desenvolvimento

---

[9] Expressão atribuída a François George. *Sillages*. Paris: Hachette, 1986, p. 60, citado por Comte-Sponville, mar. 1992, p. 14-23.

biológico, o desmame; na socialização, a ida para a escola; no afetivo, o casamento, e no psíquico, a aceitação da falta.

Constatamos: Contrariamente à opinião geral, é desaconselhável uma nova gestação. Parece aconselhável um intervalo de seis meses a um ano, para permitir o apaziguamento de reações físicas e psíquicas do luto.

O luto antecipado

Designa a aparição de reações de luto desde o anúncio ou percepção de morte eventual ou uma perda de objeto.

"A criança que vai morrer ameaça a função terapêutica, assim como ameaça a função materna" (Brun, 1996, p. 4).

O que se tem observado é que o fato de a relação mãe-bebê sofrer a intervenção de um internamento em UTI dificulta o estabelecimento do vínculo. O bebê é da equipe, e não da mãe. Por ser esse bebê de risco, podemos levantar a hipótese de que algumas mães façam um luto antecipado e, diante do êxito do tratamento, não possam assumir aquela criança, por ela "dada por morta".

As equipes deparam-se com a dificuldade de promover o investimento narcísico da mãe para com o bebê, quando os riscos são eminentes, e com a ambivalência do médico para articular o discurso do real da situação e do mistério da recuperação e as esperanças que os progressos da ciência vêm concretizando.

Um pediatra relata-me o episódio:

> Por ocasião do atendimento do trabalho de parto de uma paciente que estava na vigésima oitava semana de gestação, ao ser feita a ausculta, não foi constatado batimento cardíaco, considerou-se que a mãe daria à luz um natimorto. O obstetra retira o bebê e diz: OF (óbito fetal). Mostra o bebê para a mãe e diz: "o bebê está morto", e o coloca no recipiente considerado o "lixo hospitalar", movimento acompanhado pela jovem mãe.
>
> Terminado os procedimentos, a mãe é encaminhada à enfermaria. Na sequência, alguém no centro cirúrgico observa que o bebê se movimenta: está vivo! É atendido, então, pelo pediatra e pela equipe e encaminhado para a UTI. O pediatra dirige-se à enfermaria para comunicar a boa nova à mãe. Quando chega, a encontra no leito, prostrada, encolhida e chorando. Diz a ela que estava ali para lhe dizer que o bebê estava vivo. Ela retruca e diz: "não, está morto". Ele insiste e ela diz: "O senhor está enganado, eu vi ele no

lixo" (Kaes, 2000, p. 46)[10]. Ele insiste e ela diz: "ele está morto, o senhor esta brincando!" Ele diz: "eu não iria brincar com uma coisa tão séria!" O pediatra explica que haviam se enganado e que se ela quisesse poderia ir ver seu bebê. Finalmente confiante, ela reage, senta-se no leito, procura algo entre suas coisas: penteia o cabelo, passa o batom nos lábios e diz que está pronta para conhecer seu filho. Este nenê, uma menina, passou noventa dias hospitalizado e tem hoje dezoito anos. (Kaes, 2000)

A longevidade decorrente dos progressos da medicina e o esvaziamento do discurso religioso como responsável pelas doenças contribuíram para a banalização dos ritos[11] e o esvaziamento dos rituais e cerimônias que acompanhavam os processos de luto. A escuta, não só da clínica, mas do discurso da sociedade, pede novos espaços de palavra, na ausência de rituais, para chorar e integrar suas perdas sem a obrigação de negá-las. As condições econômicas precárias de uma família não devem servir de pretexto para que não se realizem funerais de bebês natimortos[12].

Há dez anos, uma analisante de nível universitário, classe média, deu à luz um bebê prematuro e ouviu do médico: "Vá para casa e desmanche o quartinho. O bebê foi para uma UTI em outro hospital". A criança sobreviveu; hoje, com dez anos, apresenta ótimo desenvolvimento.

"Vá para casa e desmanche o quartinho" traduz a angústia do comentário de um médico que, após a palestra, disse-me: "Sua fala ajudou, mas não resolve. Se adianto a gravidade, posso fazer a família sofrer desnecessariamente, se minimizo, como vou comunicar um desfecho breve?"

O que se coloca aqui é a questão da *krisis* e do *kairos* (Kahan, 1985, p. 31-49), tão cruciais na clínica das urgências médicas. *Kairos* é o momento do ponto crítico. Frequentemente encontramos associados os termos *kairos* e *krisis*. *Krisis* também

---

[10] Lixo, aqui não no sentido metáforico como o da expressão "[...] espaços-lixeiras ou linhas de fuga [...]", de Kaes (2000, p. 46).

[11] "[...] Rito: aquilo que é uma prática codificada; ritual: aquilo que é produtor da codificação dos ritos e cerimônia, que é a forma exterior codificada e, com frequência, solene, dada ao rito; cerimonial: produto da codificação das práticas cerimoniais (...)" (Cuisenier, 1998, p. 10).

[12] Informações fornecidas pela Central de Luto de Curitiba, ligada à Secretaria Municipal do Meio Ambiente e Departamento de Serviços Especiais. Em seu documento "Informações sobre os cemitérios municipais", refere-se à "disponibilidade de gavetas provisórias (dois anos), para sepultamentos de emergência, cujas famílias carentes não disponham de recursos e também de indigente". Mais adiante diz: "Com o objetivo de conferir dignidade ao rito de despedida aos falecidos [...]".

reflete o esvaziamento dessa profissão, que, ao recorrer aos progressos tecnológicos dos instrumentos de trabalho e aparelhos cada vez mais sofisticados, vai atrofiando o uso dos próprios sentidos e a formação do sujeito médico. O bebê é auscultado *in utero* e não é examinado em vida.

A contribuição da psicanálise ao se fazer presente nesses serviços é suscitar a revalorização da observação, do olhar, da escuta e da palavra. Entre o "OF" e o "Vá para casa e desmanche o quartinho", há de se reconhecer o mistério da vida, o desejo de vida do bebê e de sua mãe.

Dolto nos diz:

> [...] Todos os pais se sentem culpados, já que acreditam que somos nós que fazemos tudo pela criança. Nós lhe damos a oportunidade de viver, mas acreditamos que fomos nós quem o fizemos. Ora, isso não é verdade. (1994, p. 260)

Atualmente, as esperanças e as possibilidades de sucesso são outras, e a filosofia de acompanhamento mudou, mas a comunicação ainda é problemática.

Rousseau e Moreau insistem na necessidade de tornar real a perda sofrida e sublinham que o luto de um natimorto é particularmente pesaroso pela incompreensão e fuga que provoca na família e nos amigos. Os pais não se beneficiam das marcas de simpatia habituais dirigidas às pessoas enlutadas.

Volto a valorizar a questão dos ritos de passagem e, sobretudo nesses casos, o valor de o serviço oferecer um espaço de acolhimento para ritualizar o processo de luto, evitando ou amenizando a patologização. Sugiro, para isso, o que chamo de Grupo Travessia para pais enlutados.

Atitudes terapêuticas

Na presença de um luto perinatal, uma atitude terapêutica racional deveria esforçar-se para atingir os seguintes objetivos:

- ajudar a atravessar a fase de incredulidade, dando a maior realidade possível à morte – contrariando o conceito freudiano, segundo o qual a realidade não pode mostrar ao enlutado que o objeto amado não existe mais, pois o morto não tem estatuto de inexistente, mas de desaparecido (Freud, s.d., p. 237).

- às vezes, o álbum de família mostra fotos da mãe grávida acompanhada dos mais velhos e não há o irmãozinho ou irmãzinha.

Desenvolvo, a seguir, o primeiro tópico por meio de ilustrações clínicas.

Atitudes da equipe propostas pelos autores

- É aconselhável propor e encorajar os pais a ver, tocar, tomar o bebê morto em seus braços, mesmo se ele é natimorto macerado ou malformado.
- É preciso evitar os sedativos e reservá-los unicamente para combater as insônias insuportáveis.
- Se a morte é precedida por um período em UTI, os pais devem visitar seu bebê, participar dos cuidados, assim como das decisões importantes que devem ser tomadas quando a evolução se encaminha como fatal.
- É preciso pedir-lhes para dar um nome ao bebê.
- Sugerir que organizem o funeral, promover a participação da mãe.
- Dar um túmulo ao bebê.

A assistência e o apoio aos pais necessitam ao menos de três entrevistas com o médico escolhido, normalmente o obstetra, o pediatra ou o médico da família.

Apesar da fragilidade dos pais, a primeira entrevista deve ser logo em seguida, mesmo que ainda não se deem conta do que lhes ocorreu. É importante escutá-los.

A segunda entrevista ocorrerá dois ou três dias depois, quando o médico já sabe um pouco mais sobre o que aconteceu.

A terceira entrevista ocorrerá de três a seis meses depois.

- Em nosso contexto socioeconômico, proponho que se ofereçam lugares de palavra, para as equipes de saúde. Mas, sobretudo, que se inclua entre as preocupações de organização de rotinas a criação de um protocolo para cada serviço, segundo sua realidade própria e possibilidades.

Helena teve o acompanhamento de familiares enquanto aguardava o momento do parto. A equipe de apoio a acompanhou e solicitou minha presença.

Volte para casa e desmanche o quartinho

- Depois do nascimento é preciso conversar com os pais sobre a proposta de fazê-los conhecer o bebê, sempre admitindo e respeitando sua decisão. As enfermeiras vestem o bebê e preparam a mãe e, se possível, o pai. Descrevem o que viram do bebê para prepará-los: aspectos do rosto, cor da pele alterada, gelo no corpo morto, insistindo naquilo que é humanamente aceitável.

Passados cinco meses, na consulta, Helena me diz:

> Quando volto do trabalho de madrugada, venho conversando com ele e com Deus. Você é um anjo, né, meu amor? Sabe que a mãe te ama, que você era o sonho de uma vida. Só sinto não ter te conhecido. Aquela imagenzinha dele. Todos nós pertencemos a Deus, ninguém tem escolha. Só que ele foi pequeninho, por que não eu?

- É útil incentivar que se recolham lembranças, como a pulseirinha de identificação, impressões digitais. As formalidades do registro civil também são uma oportunidade para mediar a relação com a família, ajudar o pai nessa tarefa pesarosa contribue para manter a realidade da perda experimentada.

Na consulta que antecede ao Dia das Mães, Helena conta: "Sonhei com ele essa noite. Antes de dormir disse: 'dê um sonho para mamãe ver como você está'". Pergunto se ela sonha com frequência, e ela diz: "Às vezes, mas nem sempre vejo. Mas agora o meu anjinho já deve estar fazendo muitas coisa, pois já está com cinco meses. É lindo o meu anjinho Gabriel".

- A volta para casa é extremamente dolorosa. Pode-se ajudar a mãe prevendo junto a ela a tristeza que será desmanchar ou rearrumar os objetos.

Em uma sessão, Helena diz: "Falta o chão, falta o céu, chego em casa nervosa. Não sou mais a mesma. Fiquei amarga e triste, eu era brincalhona, agora parece que fechou". Conta que há muitos anos é amiga de uma psicóloga que mora no seu bairro desde criança. Quando perdeu o bebê a amiga estava grávida e não foi visitá-la. "Ela não teve coragem de me visitar. A gente se encontrou na rua, eu chorei, ela chorou, disse que não foi por causa disso. Muita gente ainda não foi lá em casa. Dizem para minha irmã que não se prepararam ainda para ir".

Hospital, saúde e subjetividade

- O trabalho em equipe é indispensável para a realização das proposições terapêuticas anunciadas. Permite, pela comunicação frequente e regular entre os membros da equipe de horário diferentes, de disciplinas diferentes, evitar erros frequentemente assinalados na literatura e pelas mães, como no relato desta analisante:

> A parede de insensibilidade dos profissionais de saúde[13] é realmente complicada. No meu caso parece que ninguém foi informado antes de entrar em meu quarto que o bebê havia morrido, nem os auxiliares de enfermagem, nem a anestesista que veio receber seus honorários da feliz mamãe, nem o obstetra... Aliás, me lembro até hoje da cara de espanto do doutor X. As visitas também não foram informadas [...]

À negação descrita venho contrapor, com outra fala da mesma analisante, a demanda da prova de realidade:

> Não sei se todas as pessoas reagem da mesma maneira. Eu tenho muita dificuldade em conviver com o abstrato. Preciso concretizar para poder entender [...] eu quis vê-lo, queria pegá-lo, mas não foi permitido. Até hoje tenho uma sensação de abandono imenso, de frio quando me permito recordar [...] choro cada vez que me lembro, dói muito.

A reflexão aqui iniciada merece ser ampliada pelas equipes de saúde envolvidas, de modo que se considere o desejo das mães em conhecer seus filhos, ainda que mortos.

---

[13] Dejours diz, em um estudo sobre as estratégias coletivas de defesa que há "[...] uma diferença radical entre processo de mobilização subjetiva individual e processo de mobilização coletiva na ação" (1998, p. 24).

Referências bibliográficas

BALLEYDIER, A.; GARNIER, L.; ROSSION, P. (Col.). Les enfants de la science. *Science et Vie*, v. 1001, p. 30, fev. 2001.

BETTELHEIM, B. *Sobrevivência e outros estudos*. Porto Alegre: Artes Médicas, 1989.

BRUN, D. *A criança dada por morta*. São Paulo: Casa do Psicólogo, 1996.

CUISENIER, J. Cérémonial ou rituel? *Ethnologie Française*, n. 1, p. 10-19, mar. 1998.

DEJOURS, C. *Souffrance em france*: labanalisation de l'injustice social. Paris: Seuil, 1998.

DOLTO, F. *Les chemins de la éducation, articles et conférences*. Paris: Gallimard, 1994.

FLIS-TRÈVES, M. "Des femmes sans ombre." Réflexions sur les conséquences psychiques de la réduction embryonnaire. *Revue Française de Psychanalyse – la mort dans la vie psychique*, p.157-162, 1996.

FRANÇOIS, GEORGE. *Sillages*. Paris: Hachette, 1986,. Apud COMTE-SPONVILLE. *Revue Autrements: Deuils*, n. 128 mar. 1992.

FREUD, S. A tristeza e a melancolia. In: _____. *Obras completas de Sigmund Freud*. Rio de Janeiro: Delta, [s.d.]. v. 8.

HANUS, M. La pathologie du deuil. In: *Deuil Perinatal*. Paris: Masson, 1976.

HERITIER, F. Esterilidade, aridez, secura. In: _____. *Masculino feminino*: o pensamento da diferença. Lisboa: Instituto Piaget, 1998. p. 83.

KAES, R. Um pacto de resistência intergeracional ao luto. In: *Os avatares da transmissão psíquica geracional*. São Paulo: Escuta, 2000.

KAHAN, L. Les maladies impraticables. *Nouvelle Revue de Psychanalyse*, 1985.

LEBRUN, J. P. *Le "consentement" éclaire n'existe pas!* S.n.t.

MEDEIROS, M. *Poesia reunida*. São Paulo: L&PM Pocket, 1999.

MERCER, V. R. *A ausência de sujeitos na relação cuidador-cuidado*: uma reflexão psicanalítica sobre o lugar da escuta do doente grave nos currículos para profissionais de Saúde. Dissertação (Mestrado em Educação). Universidade Federal do Paraná, Curitiba, 1999.

MONTAIGNE. *Essais*, II, 12 e SPINOZA. *Éthique*, IV, proposition 67. In: *Autrement*.

NASIO, J. D. *O livro do amor e da dor*. Rio de Janeiro: Jorge Zahar, 1997.

ROUSSEAU, P.; MOREAU, K. Le Deuil Périnatal. *Revue 1ª ENFANT de lº N.E.*, n. 5, 1984.

TORERO, J. R. *O décalogo*: dez mandamentos, dez histórias. São Paulo: Nova Alexandria, 2000.

Sobre os autores

Ana Claudia Nunes de Souza Wanderbroocke

Mestre em Psicologia Clínica pela Pontifícia Universidade Católica de São Paulo (PUC-SP). Especialista em Psicossócio-Oncologia e Cuidados Paliativos. Psicoterapeuta sistêmica. Docente do curso de Psicologia da Universidade Tuiuti do Paraná e da Faculdade Dom Bosco. Atuou como psicóloga clínica no Hospital Erasto Gaertner.

Andrea Silvana Rossi

Psicóloga. Psicanalista da Associação Psicanalítica de Curitiba. Mestre em História pela UFPR. Professora do curso de Psicologia da Faculdade Dom Bosco. Atuou como psicóloga clínica do Hospital Erasto Gaertner durante oito anos.

Carlos Alberto Faraco

Professor titular aposentado de Língua Portuguesa da Universidade Federal do Paraná (UFPR). Mestre em Linguística pela Universidade Estadual de Campinas (1977) e doutor em Linguística Românica pela University of Salford, na Inglaterra (1982), e foi estagiário de pós-doutorado em Linguística na University of California (1996). Foi reitor da UFPR de 1990 a 1994. Publicou os livros *Linguística histórica* (Parábola, 2005), *Escrita e alfabetização* (Contexto, 1992) e *Linguagem & diálogo: as ideias linguísticas do Círculo de Bakhtin* (Parábola, 2008). É autor de *Português: língua e cultura* (Base, 2004), livro didático para o Ensino Médio, e coautor de *Língua portuguesa para estudantes universitários* (Vozes), com David Mandryk, *Prática de texto para estudantes universitários* (Vozes) e *Oficina de texto* (Vozes), com o romancista Cristóvão Tezza. Organizou as coletâneas *Estrangeirismos: guerras em torno da língua* (Parábola, 2001), *Diálogos com Bakhtin* (Editora da UFPR, 1996) e *20 Ensaios sobre Mikhail Bakhtin* (Vozes, 2006).

Françoise Weil-Halpern

Psicanalista. Membro da Associação Psicanalítica de Paris. Trabalhou no Hospital Neckert Enfants – Malades, na Unidade de Imunologia Pediátrica de Paris, no acompanhamento dos bebês-bolhas. Em 1981, atendeu as primeiras crianças francesas vítimas do vírus HIV. Responsável pelo programa de treinamento e formação das equipes pediátricas no combate a AIDS na África e, nos últimos anos, no Vietnã. Autora de vários livros na França e do artigo "Tornar-se mãe, graças aos progressos da Medicina", publicado em *O bebê e a modernidade: abordagens teórico-clínicas* (Casa do Psicólogo, 2002).

José Miguel Rasia

Professor titular de Sociologia da Universidade Federal do Paraná (UFPR) e do Programa de Pós-Graduação em Sociologia da UFPR.

Marcio Peter de Souza Leite

Psicanalista, médico-psiquiatra e um dos precursores da psicanálise lacaniana no Brasil. Autor de várias obras, com destaque para *A negação da falta – cinco seminários para analistas kleinianos, Deus odioso, o diabo amoroso, Jacques Lacan Através do espelho, O que é psicanálise – 2ª visão, Jacques Lacan – uma biografia intelectual* e *Psicanálise lacaniana*. Participou também de artigos e obras diversos. É atualmente diretor e idealizador da Conexão Lacaniana, supervisor geral de cursos on-line (www.marciopeter.com.br).

Maria Júlia Kóvacs

Professora livre-docente do Instituto de Psicologia da Universidade de São Paulo e coordenadora do Laboratório de Estudos sobre a Morte. Autora de *Morte e desenvolvimento humano* (1992), *Educação para a morte: temas e reflexões* (2003), *Educação para a morte: desafio na formação de profissionais de saúde e educação* (2003) e coordenadora do livro *Morte e existência humana: Caminhos de cuidados e possibilidades de intervenção* (2008). Autora de vários artigos científicos e de capítulos em obras diversas.

Sobre os autores

Paulo Rogério Mudrovitsch de Bittencourt

PhD em Neurologia pela University of London, professor titular de Doenças do Sistema Nervoso pela UFPR, membro titular da Academia Brasileira de Neurologia e da Sociedade Brasileira de Neurofisiologia Clínica, *fellow* da American Academy of Neurology e da European Neurological Society e diretor clínico da Unineuro, Curitiba (www.unineuro.com.br).

Tânia Madureira Dallalana

Psicóloga clínica do Hospital de Clínicas da Universidade Federal do Paraná. Psicoterapeuta de família e casal com pós-graduação pela Pontifícia Universidade Católica de São Paulo (PUC-SP). Mestre em Psicologia Clínica pela PUC-SP. Membro da Associação Brasileira de Terapia Familiar e da Associação Paranaense de Terapia Familiar. Terapeuta comunitária.

Vânia Regina Mercer

Psicóloga formada pela Pontifícia Universidade Católica do Paraná (PUC-PR). Psicanalista filiada, membro aderente praticante da Association Espace Analytique de Paris. Mestre em Educação pela Universidade Federal do Paraná. Pesquisadora voluntária do Centro de Neuropediatria (CENEP) do Hospital de Clínicas da Universidade Federal do Paraná (UFPR). Organizadora do livro *Violência, paixão e discursos: o avesso dos silêncios* (CMC, 2008), juntamente com José Antonio Peres Gediel. E-mail: vaniamercer@hotmail.com.

Obra da capa: Rones Dumke

Rones Thadeo Dumke nasceu em Curitiba, em 1949. Frequentou o ateliê de Carlos Scliar e iniciou sua carreira entre o final da década de 1960 e início da década de 1970. Vive e trabalha em Curitiba. Concentra-se no símbolo e na narrativa, na relação entre o passado e o presente, na memória e em sua perda, na vida e na morte, seu trabalho lembra um projeto acadêmico de sublimação da história, mas busca a universalidade da forma, que foi esquecida pelos modernistas.

Foto da obra: João Urban

Começou a fotografar como amador por volta de 1964, quando registrou passeatas, manifestações populares e grupos teatrais em Curitiba. No fim dos anos 1960, profissionalizou-se nas áreas de publicidade e fotografia industrial. Paralelamente, realizou ensaios sobre presidiários, pescadores e operários de uma fábrica de cimentos no Paraná. Desde 1973, participa de exposições no Brasil e no exterior. Publicou os livros *Boias-frias, Tagelohner in Süden Brasiliens* (1984), publicado na Alemanha, e *Boias-frias, vista parcial* (1988), editado no Brasil, *Tropeiros* (1991), *Tu I Tam: poloneses aqui e lá* (1997) e *Aparecidas* (2002). Participou da 14ª Bienal Internacional de São Paulo, em 1977. Em 1981, expôs na Galeria do Instituto Nacional da Fotografia da Fundação Nacional de Arte (Funarte), no Rio de Janeiro. Recebeu o Prêmio J. P. Morgan de Fotografia, em 1999.

impressão acabamento

rua 1822 nº 341
04216-000 são paulo sp
T 55 11 3385 8500
F 55 11 2063 4275
www.loyola.com.br